Une prison sans murs

Comment j'ai vaincu mon agoraphobie

Collection
Autrement dit

dirigée par
Dominique Devedeux

15, rue de la Banque – 75002 Paris
www.michalon.fr

ISBN : 978-2-84186-568-0

Catherine Hamelle

Une prison sans murs

Comment j'ai vaincu mon agoraphobie

Michalon Éditions

Ce livre est un témoignage.

Je le dédie à tous ceux que leurs peurs empêchent de vivre
et qui ont perdu courage.

Je le dédie à tous ceux qui ont été placés sur mon chemin.

Je le dédie à Michelle, à Florence, à Céline,
à Dominique et à saint Expédit.

Préface

Au moment où je prends connaissance de son récit, Catherine Hamelle est âgée de soixante ans. C'est une femme épanouie et plutôt sereine qui exerce la profession de réflexologue.

Pourtant, elle a souffert d'agoraphobie avec trouble panique pendant près de trente ans, sans que quiconque dans son entourage devine son handicap, alors que la souffrance a été bien réelle et que sa vie s'en est trouvée comme « rétrécie ». Directeur financier, elle s'occupait de négociations bancaires et d'analyse de bilan, pouvait animer des conférences devant des centaines de personnes, mais était incapable de monter dans le métro ou l'autobus, d'emprunter un ascenseur, d'aller faire son plein au supermarché, de rester dans une file d'attente, de prendre sa voiture pour traverser Paris ou même parfois de sortir de chez elle. Les attaques de panique, qui survenaient chaque fois qu'elle devait accomplir ces gestes simples du quotidien, l'ont coupée du monde extérieur, source constante de danger pour elle.

Les symptômes décrits par Catherine Hamelle répondent au diagnostic d'agoraphobie avec trouble panique. Il s'agit de troubles névrotiques phobiques et anxieux. L'agoraphobie correspond à une peur irrationnelle qui se manifeste dans des endroits publics et/ou des espaces découverts. Cette forte anxiété est liée au fait de se retrouver dans des lieux ou des situations d'où il pourrait être difficile de s'échapper ou dans lesquels on pourrait ne pas trouver secours en cas de danger (foule, lieux publics, voitures, transports en commun…). Il s'agit d'une peur irraisonnée sans danger objectif. L'angoisse apparaît souvent dès que l'on quitte le domicile. Une anxiété anticipatoire se manifeste alors avant chaque situation anxiogène qui aboutit à des conduites d'évitement et des aménagements réduisant progressivement le champ de liberté dans les déplacements à l'extérieur de chez soi et entraînant l'impossibilité de faire face à ses responsabilités. Différentes stratégies de “réassurance” ou d'objets contraphobiques sont utilisés pour pallier les angoisses irrépressibles lors des sorties indispensables du domicile : une personne accompagnante, des anxiolytiques ou un téléphone portable dans son sac… Ces stratégies d'évitement conduisent à un grand isolement, et affectent progressivement tous les domaines de la vie : personnelle, sociale et professionnelle. Au stade ultime, l'agoraphobe vit en reclus et ne quitte plus son domicile. Véritable enfermement à l'intérieur de soi, l'agoraphobie constitue bien « une prison sans murs ».

Cette anticipation craintive d'un danger ou d'un malheur à venir, voire même de la mort, impossible à définir, peut s'accompagner d'un sentiment de malaise allant jusqu'à l'attaque de panique. Le trouble panique se définit par une multiplicité d'attaques de panique (ou crises d'angoisse) d'une fréquence variable, avec ou sans facteur déclenchant. La récidive des attaques de panique entraîne l'apparition de l'anxiété anticipatoire et de l'agoraphobie.

Chaque attaque de panique se caractérise par une peur intense qui apparaît brutalement, spontanément, d'intensité maximale rapide, pouvant durer de dix minutes à deux heures. La crise d'angoisse s'exprime par au moins quatre symptômes parmi des manifestations psychiques (sentiment de catastrophe, d'irréalité, peur de mourir, de devenir fou), des manifestations somatiques (palpitations, transpiration, vertiges, tremblements, douleur thoracique, impression d'étouffement, nausées, diarrhée, picotement des extrémités...) et des manifestations comportementales (inhibition, agitation, raptus suicidaire[1]).

Cette pathologie provoque une souffrance intense en raison des crises d'angoisse qui peuvent survenir

1. Impulsion auto-destructrice brutale. Désir irréfléchi, irrésistible et soudain de se donner la mort. Le moyen utilisé est généralement physique.

à n'importe quel moment de la journée, sans raison apparente.

Les premiers symptômes de l'agoraphobie apparaissent généralement vers l'âge de vingt à vingt-cinq ans, mais peuvent aussi se manifester, plus rarement, au moment de la puberté. Environ trois à quatre pour cent de la population est concernée avec une prédominance chez la femme. Certains facteurs, comme l'existence d'une forte angoisse de séparation pendant l'enfance ou diverses situations traumatiques répétées, prédisposeraient à son apparition. On retrouve très fréquemment des facteurs de stress importants dans l'année précédant l'éclosion du trouble, comme une séparation, une maladie ou la perte d'un proche, un accident, une affection médicale personnelle. Concernant Catherine Hamelle, les premiers symptômes sont apparus un an après la mort accidentelle de son frère aîné, elle avait vingt-deux ans.

Se sentant protégée par le contexte familial dans lequel elle a travaillé de longues années, Catherine a pu au moins se réaliser professionnellement. Mais personnellement, elle s'est repliée sur elle-même, s'est « rigidifiée » et, si elle est parvenue à affronter sa vie, elle n'a guère pu y participer.

Son itinéraire a été long et douloureux avant de pouvoir connaître et utiliser des approches thérapeutiques qui l'ont aidée à sortir de son enfermement.

Ce livre témoigne sans complaisance du courage et de la détermination dont elle a fait preuve pour se libérer. Il s'adresse à tous ceux dont la vie est perturbée voire détruite par l'agoraphobie et qui ont perdu l'espoir d'en sortir un jour.

Docteur Florence Morel Fatio, psychiatre

AVANT-PROPOS

Une nuit, j'ai fait un rêve terrifiant qui m'a poussée à prendre ma vie en main au lieu de la subir – un véritable électrochoc. Je suis enfermée, avec trois petites filles d'âges différents, dans une maison de brique dont les volets et la porte sont en bois et solidement fermés par des barres métalliques. La maison est assiégée par des chiens-loups qui, de leurs mâchoires puissantes, déchiquettent porte et fenêtres. À l'aide de planches et de clous, je tente de colmater les brèches pour sauver ma vie et celle de ces enfants. Après ce qui me paraît être des heures de lutte, je vois les crocs et les babines retroussées et baveuses des chiens surgir des trous qui s'agrandissent. Je suis terrorisée, mais je continue à me battre avec ce qui me reste d'énergie. Comme les chiens sont très nombreux et s'acharnent, je comprends que je vais perdre ce combat inégal et, dans un ultime sursaut de survie, j'ouvre la porte, je sors sur le seuil et j'attrape dans mes deux mains la gueule du chien-loup le plus proche, à qui je demande : « Pourquoi es-tu enragé ? » Il me répond : « Parce qu'on m'a fait du mal quand j'étais petit. »

Comme les trois petits cochons, je croyais qu'en me réfugiant dans une maison en brique, je serais à l'abri du danger. Mais ce que l'on ne dit pas aux enfants, c'est que les portes et les volets en bois ne sont pas impénétrables. Il est peut-être préférable de ne pas tout leur dire !

Lorsque j'ai fait ce rêve, je m'étais barricadée dans un mode de vie très rigide et codifié. C'était le seul moyen que j'avais trouvé pour éloigner mes angoisses et ne pas perdre pied. Pour survivre et me construire avec mes blessures, j'avais dû me forger une carapace qui me coupait à la fois du monde extérieur, mon pire ennemi, et de mes émotions. Impuissante à éliminer mes peurs, je préférais ne plus rien ressentir du tout, ni angoisse, ni peine, ni joie. J'agissais de façon mécanique, renonçant à toute part d'humanité. Toute cette construction de brique autour de moi m'a aidée à me tenir debout, mais à quel prix ?

J'ai eu la malchance – ou plutôt, en y réfléchissant, la chance – de devoir toujours faire face seule à mes besoins matériels, ce qui m'a empêchée en quelque sorte de me laisser aller à la dérive, de complètement sombrer et de me retrouver incapable de gagner ma vie. Même si je n'ai pas pu réaliser, avant de nombreuses années, ma vie de femme, au moins j'ai pu travailler et me réaliser professionnellement.

Que faire quand notre mal-être devient une obsession et que l'on finit par avoir peur d'avoir peur ? Lorsque l'on devient victime, seule une aide extérieure peut améliorer les choses. Mais on peut hésiter à y recourir car vivre sans la maladie est inconsciemment aussi angoissant que de vivre avec. On est habitué à son « compagnon de toujours », à cette présence constante. *Ma Douleur, donne-moi la main ; viens par ici*, écrivait Charles Baudelaire dans son poème « Recueillement ». La perspective de ne plus l'avoir à côté de soi paraît inimaginable. La peur du vide est intolérable. Comme dans ces vieux couples où les disputes sont incessantes et où chacun souhaite se débarrasser de son conjoint, mais lorsque la mort d'un des deux survient, l'autre se sent désemparé et ne lui survit pas longtemps.

Le dernier stade, le plus terrible, est atteint lorsque la présence perpétuelle d'un accompagnant ne suffit plus. Il n'est alors plus possible de sortir de chez soi, même pour aller au restaurant ou au supermarché, entouré de sa famille. L'enfermement se réalise sournoisement et l'on se trouve très vite exclu et désocialisé. Je connais des personnes dont le conjoint ou les parents sont très présents et qui pourtant se laissent complètement couler ; au début, elles sont prises en charge par un entourage compatissant qui finit par se lasser car c'est extrêmement lourd.

Ce livre n'a aucunement la prétention de décrire une méthode infaillible pour sortir de ses angoisses, car il y a autant de clés que d'individus. L'agoraphobie, même profonde, peut être surmontée à condition de le vouloir vraiment et de trouver la thérapie qui convient. Ce fut pour moi le « Rebirth », une thérapie peu connue mais hautement efficace.

Ce témoignage révèle l'origine de mes peurs, montre comment elles ont évolué et m'ont empêchée de vivre et par quels moyens j'ai pu échapper à leur emprise. Ce récit m'a permis de prendre pleinement conscience du sentiment d'abandon qui avait jalonné ma vie depuis ma petite enfance. Cette crainte constante d'être abandonnée traduit l'insécurité dans laquelle j'ai évolué, m'interdisant de m'enraciner pour devenir une adulte confiante. J'aime beaucoup la comparaison, que font de nombreux thérapeutes, avec un arbre qui prend racine dans un sol meuble et dont les racines ne sont pas solidement ancrées en terre. À la moindre tempête un peu forte, il est déraciné et, sans aide, ne se redresse pas. L'analyse et la synthétisation que le docteur Florence Morel Fatio a bien voulu faire de mon récit m'ont fait mettre le doigt sur ce sentiment d'abandon que je n'avais pas décelé seule.

J'étais une femme en souffrance qui ne s'est jamais résignée et qui a cherché à comprendre pour pouvoir évoluer. Pour moi le chemin a été interminable et souvent désespérant, car j'ai soigneusement caché mon état à tout mon entourage, y compris ma famille, sans savoir qu'il existait des thérapies qui auraient pu m'aider. J'ai fait semblant d'aller bien alors que je marchais au bord d'un précipice, mais c'est un tel bonheur d'être réellement bien. Aussi, à celles et ceux qui me feront l'amitié de me lire, je voudrais dire qu'il ne faut jamais baisser les bras, jamais se résigner, que la vie vaut qu'on se batte pour elle. Les prisons intérieures sont aussi douloureuses que celles bâties par l'homme pour isoler les éléments inadaptés à la société. Ne restez pas murés dans votre mal-être. Vos peurs, comme celles qui ont été les miennes si longtemps, sont imaginaires. Brisez vos chaînes, c'est possible puisque c'est vous qui les avez créées. Prenez la route car la lumière est au bout du chemin.

Frédéric Lenoir, dans son ouvrage *Socrate, Bouddha, Jésus*[2], écrit que, pour lui, la question du bonheur véritable et de la vie juste s'est posée assez tôt. Pour moi, la seule question qui a guidé ma vie jusqu'à ma guérison a été comment survivre.

2. Frédéric Lenoir, *Socrate, Bouddha, Jésus, trois maîtres de vie*, Éditions Fayard, 2009.

Ma vie avec la maladie

Mes trois compagnes

Pendant près de trente ans, j'ai vécu avec trois compagnes : la peur, la colère et la violence engendrée par les deux premières.

La peur : j'ai vécu la peur au ventre. La peur de quoi ? De tout et de rien, de la mort, de la vie, des autres, de mes sentiments, peur de ne pas y arriver, peur d'être rejetée, d'être malade, de devenir folle. J'ai vécu avec l'impression que tous les événements de mon existence, petits et grands, étaient une question de vie ou de mort. Cette peur viscérale, irrationnelle a grandi en moi avec les années et m'a empêchée de vivre.

La peur est une émotion qui sert en général à mobiliser l'énergie nécessaire à notre survie. Elle déclenche la poussée d'adrénaline salvatrice qui nous donne la force de fuir ou de nous battre pour protéger notre intégrité. Après la tempête, le calme revient et les fonctions (digestives, cardiaques et rénales), mises en sommeil durant la mobilisation de notre énergie, sont rétablies. Cet état n'est pas grave s'il demeure passager, mais s'il devient chronique, les conséquences de la production continue d'adrénaline sont dévastatrices pour le corps comme pour l'esprit. Vivre quasiment jour et nuit en état d'alerte totale, la peur au ventre, est insupportable. C'est comme une lèpre qui vous ronge de l'intérieur.

Durant ces trente années, je suis passée maître dans l'art de dissimuler ma peur pour faire face au quotidien. Lorsque j'étais à mon bureau, je ne ressentais pas de malaise parce que j'étais dans un cadre habituel, entourée de gens que je connaissais, et parce qu'en m'immergeant dans mon travail, je n'avais plus la possibilité de laisser monter d'autres pensées que professionnelles. Toute mon attention était concentrée sur les tâches que je devais effectuer. Dans ma famille aussi, je me sentais protégée et je pouvais profiter de la vie comme tout le monde. Mais quand je me retrouvais seule, c'était une tout autre histoire.

Ce sentiment diffus mais prégnant de peur se transformait en crises de panique qui m'empêchaient de me déplacer et de vivre comme les autres. Dès que mes troubles se sont accentués, j'ai eu la chance de pouvoir exercer ma profession dans un milieu familial, et à quelques centaines de mètres de mon domicile pour une grande partie de mon parcours professionnel. Cette opportunité m'a permis de ne pas avoir une vie complètement gâchée. J'ai pu au moins me réaliser dans mon travail – une grande chance, car la plupart de ceux qui souffrent d'agoraphobie ne peuvent avoir ni vie affective ni vie professionnelle. Une force intérieure les pousse insidieusement à s'isoler chaque jour davantage, à s'extraire du monde jusqu'à ressentir une perte totale de dignité.

Lorsque je devais me rendre à des rendez-vous professionnels dans Paris ou en proche banlieue, les seuls que je ne pouvais pas éviter, la galère commençait. Prendre le métro et être enfermée était au-dessus de mes forces et j'ai dû renoncer à ce moyen de transport pourtant si pratique durant trente ans. L'autobus était un peu moins effrayant : le fait d'être à l'air libre et dans un véhicule d'où il était facile de sortir en cas de crise de panique rendait ce mode de transport moins aléatoire. Malheureusement, je n'arrivais pas toujours à me rendre jusqu'à la station située à cinq minutes à pied de chez moi. Lorsqu'après mille stratagèmes pour ne pas entendre les messages de peur que m'envoyait mon cerveau, je quittais mon domicile, je sentais en chemin l'angoisse monter, mes jambes vaciller, trembler et devenir molles, mon ventre se tordre, des sueurs froides me parcourir le corps et je devais alors faire demi-tour, au bord de l'évanouissement. Si par chance je parvenais jusqu'à l'arrêt du bus, et si l'attente n'était pas trop longue ou que je pouvais engager la conversation avec une personne qui attendait sous l'abri, je repoussais ma peur et réussissais à monter dans le véhicule. C'était comme si un ennemi était caché dans l'ombre prêt à bondir et qu'il me fallait déjouer ses pièges et le faire reculer pour éviter qu'il ne m'agrippe. Seulement là, l'ennemi était tapi au fond de moi et c'est contre moi-même que je devais lutter.

En dernier ressort, il me fallait prendre un taxi, mais à certains moments, j'étais si angoissée que même la présence du chauffeur ne parvenait pas à me rassurer. Le taxi avait un double avantage : je ne me ridiculisais que devant une seule personne si j'étais terrassée par un malaise, et je pouvais parler à bâtons rompus avec quelqu'un, ce qui me permettait d'évacuer mes angoisses. Il m'est arrivé une fois de partir à un rendez-vous en taxi et de demander au chauffeur de faire demi-tour à mi-chemin car je ne pouvais plus respirer. Une autre fois, voulant rejoindre en taxi une amie au Quartier latin, je sentis dans le taxi – alors qu'il n'y avait que quatre kilomètres entre mon domicile et la voie Georges-Pompidou – mon ventre se nouer, mes mains devenir moites, ma gorge se serrer, mon estomac se révulser et ma tête tourner à un point tel que je dus arrêter la voiture pour sortir et vomir avant de faire demi-tour. Le chauffeur, un peu affolé, voulut me conduire à l'hôpital – ce qui me fâcha pour un temps avec ce corps de métier qui m'était pourtant d'un grand secours.

Quand je devais impérativement utiliser ma voiture, j'arrivais parfois à ruser avec mes angoisses grâce au petit kit de survie que j'avais mis en place. Tout d'abord, je me déplaçais essentiellement l'après-midi, car le matin, occupée à diverses tâches, je parvenais à oublier un peu mes peurs et à les empêcher de me submerger. La veille au soir, j'avalais un anxiolytique pour éviter à mon inconscient de gamberger toute la nuit et de me réveiller au bord de l'affolement. Je me gardais donc de me déplacer le matin. Lorsque je réussissais à monter dans ma voiture, j'inspirais profondément, je me répétais quelques phrases simples pleines de bon sens et je m'efforçais de trouver un plan B.

Ce plan de rechange consistait soit à recenser toutes les personnes de ma connaissance qui auraient pu me porter secours sur mon trajet (et à qui de toute façon je n'aurais jamais fait appel), soit à passer en revue les stations de taxi près desquelles j'étais susceptible de rouler pour sauter dans une voiture avec chauffeur et abandonner la mienne si la panique me coupait les jambes. Quand j'avais enfin réussi à prendre l'autoroute ou le périphérique avec ma voiture pour un court trajet, il me fallait écouter une émission passionnante à la radio ou chanter en accompagnant une cassette de ma chanteuse préférée afin de ne pas penser, d'être captivée au point que mes peurs soient refoulées. Si des bouchons survenaient, j'étais cuite !

J'étais obligée de prendre la première sortie et de faire demi-tour car la sensation d'enfermement déclenchait ma panique. Je sentais ma gorge se contracter, mes mains glisser sur le volant, mes yeux se remplir de papillons noirs, et l'impression d'étouffement devenait si intense qu'il aurait été dangereux pour ma sécurité de poursuivre ma route. Curieusement, lorsque j'avais réussi à faire demi-tour pour regagner un lieu sûr (maison ou bureau), les malaises refluaient. À l'idée du retour vers mon cocon, la crise se calmait.

Souvent je devais renoncer à faire de simples courses car il était au-dessus de mes forces de prendre ma voiture ou mon vélo pour effectuer le trajet d'environ deux kilomètres entre le pont de Saint-Cloud où j'habitais, et la porte du même nom, où je devais faire mes achats. Si je parvenais à atteindre le magasin et qu'il me fallait faire la queue, au bout de cinq minutes d'attente, la crise d'angoisse était telle que je laissais mes achats en plan pour me précipiter dans ma voiture ou sur mon vélo et rentrer chez moi.

Il m'était tout aussi impossible d'accepter les invitations de mes amis à la campagne en fin de semaine, si je ne pouvais partager la voiture d'autres invités ou les faire profiter de la mienne. Difficile également d'aller dîner en ville si je ne prévoyais pas d'y aller en taxi ou que quelqu'un passe me chercher. Parfois même mes ruses étaient vaines tant la peur me rongeait le ventre et j'étais obligée d'inventer une maladie quelconque pour ne pas me rendre aux invitations que j'avais acceptées et dont j'avais soigneusement planifié le mode de transport. Aller au cinéma, c'était toujours entre amis, donc possible, mais enfermée dans cette salle sans fenêtre au milieu d'une foule d'inconnus, dès que la lumière s'éteignait pour les premières publicités, à l'insu de tous, je transpirais abondamment et sentais mon rythme cardiaque s'accélérer. Toutefois, je pouvais me maîtriser le temps que les premières images du film apparaissent et que mon attention soit captée, ce qui maintenait mes peurs à distance.

Un jour, j'avais pris des places pour un concert des Rolling Stones au Zénith avec une cousine. Elle devait venir avec moi en voiture mais, coincée par un rendez-vous qui s'éternisait, elle me téléphona pour me dire qu'elle me rejoindrait devant le guichet. Catastrophe ! Après avoir utilisé toutes mes ruses habituelles, je réussis enfin à prendre le périphérique, toujours très en avance, quand un accident stoppa la circulation. Bras raidis, en proie à un début de crise de spasmophilie, il me fallut passer de la troisième file à la première et trouver immédiatement une sortie puis une pharmacie pour m'asseoir, en attendant que la crise de panique passe, puis une station de taxi pour arriver à destination et retrouver ma cousine, un peu inquiète de mon retard inhabituel.

Je lui racontai une histoire fumeuse de panne de voiture et dus aller rechercher mon véhicule le lendemain là où je l'avais abandonné. J'ai fait, durant toutes ces années, la fortune des taxis.

Lorsque j'étais accompagnée d'une personne adulte, je pouvais pratiquement tout faire normalement : conduire ma voiture pour traverser Paris ou aller à la campagne, prendre le métro, aller au cinéma, passer dans un long tunnel, stationner dans un parking souterrain, prendre un ascenseur. Il n'y avait que l'avion que je redoutais par-dessus tout, même accompagnée, car là, aucune échappatoire, je dépendais entièrement du pilote et de la mécanique.

Toutes ces petites béquilles bricolées à la va-vite me permettaient de continuer à avancer sans aide extérieure et sans que quiconque ne se rende compte de mon état. C'était comme s'il y avait eu deux personnes en moi : la professionnelle qui raisonnait correctement, affrontait ses responsabilités et faisait face toute la journée aux situations les plus diverses ; et la peureuse, tapie au fond de mon corps, tétanisée par l'angoisse et qui refaisait surface dès que je devais me déplacer. La terroriste prenait le pas sur la raisonnable et l'empêchait d'avancer. Mes fonctions et ma réussite professionnelle ne pouvaient laisser personne imaginer que j'étais une handicapée de la vie qui devait déployer des efforts colossaux pour effectuer les nombreuses tâches du quotidien. Toute cette énergie dépensée pour faire face chaque jour m'épuisait.

On ne parlait alors pratiquement pas d'agoraphobie et je ne savais pas de quoi je souffrais. Le Petit Larousse indique que l'agoraphobie est « l'impossibilité de traverser sans angoisse de larges espaces vides ». Par extension, on pense « peur de la foule », mais la foule peut être constituée uniquement par « les autres », voire même par l'extérieur.

Si les crises de panique ne se déclenchent qu'au contact de certains animaux particuliers comme les araignées et les serpents, ou lors d'activités spécifiques (se déplacer en voiture hors de la ville où l'on réside ou assister seul à une séance de cinéma), alors l'évitement ou l'accompagnement sont des solutions acceptables. Mais lorsque les troubles sont beaucoup plus graves et perturbent tout le quotidien, il faut absolument se faire aider. Plus le diagnostic est effectué tôt, plus les chances de guérison sont importantes. Malheureusement, suivant les symptômes ressentis, on sera d'abord dirigé vers un cardiologue (pour les palpitations), un stomatologue (pour les nausées, les vomissements et les diarrhées) ou un ORL (pour les vertiges et les tremblements).

Je me sentais anormale et j'avais trop honte pour en parler autour de moi. Comment avouer à quiconque, sans passer pour une folle, que s'il me fallait m'éloigner seule de ma maison ou de mon bureau, à pied, à cheval ou en voiture (et ne parlons pas du métro que prennent tous les jours des milliers de gens) survenaient des angoisses qui me coupaient les jambes, me donnaient des vertiges, des sueurs froides, de la tachycardie et me menaient au bord du malaise. Mes ami(e)s ont toujours pensé que ma vie familiale et professionnelle me dévorait et m'empêchait d'avoir une vie sociale normale. En réalité c'était tout l'inverse : je me suis réfugiée dans ces cocons parce que la réalité de la vie me faisait trop peur, et l'agoraphobie, ma fidèle compagne, est venue renforcer mon enfermement et le vide affectif qui en a découlé.

La colère : le plus souvent engendrée par la peur, elle a été une compagne tout aussi fidèle. Il y a des colères légitimes qui permettent de rétablir des situations injustes, comme la sainte colère de Jésus chassant les marchands du Temple. Mais quand elle devient émotion et nous submerge, elle n'a plus aucune utilité.

Trop souvent je me sentais irritée, et presque enragée parfois, pour un rien, pour des futilités : si un employé n'était pas à son poste au moment où je l'appelais au téléphone pour obtenir une information, j'imaginais tout de suite qu'il se promenait. Je ressentais sa « désertion » momentanée comme une atteinte à mon intégrité professionnelle et je l'accueillais à son retour avec une colère disproportionnée. Si ma voiture tombait en panne, je me mettais dans un état de rage sans commune mesure avec le désagrément causé. Certes, c'était pénible mais pas vital et il aurait été plus efficace de mettre toute mon énergie dans la recherche d'un dépanneur plutôt que de donner des coups de pied dans les pneus.

Après chaque colère déplacée et stérile – surtout lorsque je blessais mon entourage –, je me jurais solennellement, en rentrant chez moi, comme le font les ivrognes : « Plus jamais ça, demain je cesse de me mettre en colère. » Mais c'était plus fort que moi : à la moindre contrariété, je repartais dans mes délires colériques. Dans la plupart des cas, il n'y avait pas de réel danger ; mes colères constituaient en fait un puissant signal d'alarme indiquant que quelque chose d'essentiel manquait à mon équilibre. À plusieurs reprises, dans mon enfance, je me suis sentie attaquée et injustement punie. Ces circonstances ont fait naître en moi une colère juste mais qui n'a pu être exprimée car elle s'adressait aux adultes de mon entourage qui avaient autorité sur moi. Cette colère non déchargée et cristallisée dans mon inconscient s'est extériorisée ensuite à la moindre insatisfaction. Incapable d'affirmer qui j'étais réellement, comme abandonnée par ceux qui auraient dû me protéger, je me suis réfugiée dans un monde clos, triste et froid. J'ai fini par perdre l'estime de moi-même et tomber dans une dépression latente. J'éprouvais un sentiment profond de honte à ne pas pouvoir accomplir toutes ces choses du quotidien que toute personne « normale » faisait sans même en avoir conscience. Pourquoi eux et pas moi ? Ma colère s'en trouvait accrue.

La violence : elle était généralement verbale et jamais dirigée contre les enfants, envers qui j'ai toujours fait preuve d'une grande douceur et d'une grande patience. Elle se tournait le plus souvent contre mon entourage professionnel, parfois aussi social. Mes ami(e)s d'aujourd'hui sont toujours très surpris lorsqu'ils entendent parler de mes « crises » de colère et de la peur qu'elles engendraient chez mes interlocuteurs. Les « scuds » que je pouvais lancer dans ces moments-là étaient souvent mortels. Je ne m'en glorifiais pas, cela me rendait malade et j'en avais honte, mais impossible de m'en empêcher.

Ma violence pouvait aussi dépasser le stade verbal pour devenir physique. On m'a raconté que, petite, j'avais arraché un petit morceau de l'épaule de mon frère aîné avec mes dents. À l'école primaire, j'avais cassé le doigt d'une camarade qui se moquait de moi en lui donnant un coup de pied aux fesses qu'elle protégeait de ses mains. Pour que je reste tranquille, la maîtresse n'hésitait pas à m'attacher sur ma chaise.

En sixième, j'ai continué à être violente. J'ai cassé la dent d'un élève du collège, mais je ne me souviens plus des raisons qui m'ont poussée à un tel acte. L'année suivante, folle de colère, j'ai attrapé le bâton qui servait à enrouler la toile cirée de la table de la salle à manger et l'ai abattu sur mon père, qui a eu le pouce cassé. Il faut dire qu'il l'avait bien cherché : nous habitions à cette époque La Varenne-Saint-Hilaire, petite banlieue du sud de Paris. Chaque jour de la semaine, je prenais l'autobus pour me rendre au lycée Marcelin Berthelot dans la commune voisine distante de quelques kilomètres. Mon père ne rentrait généralement pas avant huit ou neuf heures le soir à cause de son travail. Un jour, en fin d'après-midi, alors que j'attendais l'autobus avec des amies, mon cartable disparut. Nous avions l'habitude de poser nos cartables le long de la guérite de l'arrêt pour sauter à la corde ou jouer à chat. Au moment où l'autobus arriva, plus de cartable. Je le cherchai partout, dans l'enceinte de l'établissement et dans les alentours, rien. Morte de peur à l'idée de devoir avouer à mes parents que j'avais perdu mon cartable et tout ce qu'il contenait, et consciente de l'investissement que cela représentait, je rentrai à la maison. Je fus stupéfaite d'y trouver mon père. Ses colères étant homériques, ce fut avec terreur que je mis d'abord ma mère au courant puis mon père. Après m'avoir fait un long sermon, il m'avoua en riant qu'il l'avait récupéré car il traînait sur le trottoir. Comment avait-il pu se jouer de moi, me faire une telle peur ? Devant une pareille injustice, la colère et la violence, qui étaient toujours à fleur de peau chez moi, se sont déchaînées et je n'ai pas pu m'empêcher de saisir le bâton et de frapper mon père. J'ai reçu une fessée inoubliable en retour.

À l'âge adulte, je me maîtrisais généralement, mais lorsque le sentiment d'injustice que faisait naître une situation était trop fort, il m'arrivait de perdre le contrôle et de passer du stade verbal au stade physique. À quelques années d'intervalle, deux pauvres automobilistes, qui m'avaient fait une queue-de-poisson puis agressée verbalement, se sont retrouvées aux prises avec une furie qui les martelait de coups de pied et de coups de poing, et n'ont dû leur salut qu'aux conducteurs qui nous succédaient et qui nous ont séparées en maudissant ces « sacrées bonnes femmes ».

Une autre fois, j'ai tapé à grands coups de chaussure dans la portière d'une voiture dont la propriétaire avait reculé sur le passage piéton que j'empruntais sans regarder et qui, au lieu de faire un petit geste ou un sourire, m'avait fait un bras d'honneur avant d'agiter son index sur la tempe.

Toute démesure reflète un manque.

Le « syndrome de l'enfant du milieu »

J'ai sans nul doute été une enfant difficile, mais mes parents, au lieu de chercher à me contraindre et à me punir, auraient dû se demander pourquoi et d'où venait cette violence. Pour eux, j'étais une enfant violente depuis la naissance, c'était dans mes gènes et on n'y pouvait rien. Ma mère disait souvent, sous forme de boutade, qu'il aurait été plus aisé pour elle d'élever quatre garçons comme mes frères plutôt qu'une seule autre fille comme moi.

Cette plaisanterie, comme d'autres, me causait une blessure muette. Encore une incompréhension, un abandon. Pourquoi me suis-je sentie moins aimée que mes frères par mes parents ? Les raisons diffèrent selon l'un ou l'autre. Ma mère a toujours été très tendre et attentionnée envers moi comme avec mes frères. Elle avait même tendance à faire passer le bien-être de ses enfants avant celui de son mari, mais elle avait une certaine préférence pour mon frère aîné Tanguy et une indulgence infinie pour mon frère cadet Patrick. Tanguy était son premier-né et elle avait vécu près de quatre ans seule avec lui durant les années de guerre. En outre, il était souvent malade et elle avait failli le perdre plusieurs fois. Quant au « petit dernier », il réclamait sans cesse de l'attention, voulant toujours être le premier, celui que l'on servait à table avant les autres. Blond et bouclé comme un petit ange, il attirait tous les regards.

Moi j'étais au milieu. Plus effacée, moins jolie, je ne voulais pas créer de problèmes. On ne me voyait pas, on ne me considérait pas ; du moins le pensais-je.

J'avais l'impression que mes parents étaient plus fiers de mes frères que de moi qui n'avais rien de remarquable. On appelle le sentiment d'être moins aimé le « syndrome de l'enfant du milieu ». Pourtant, en regardant maintenant les photos de mon enfance, je constate que j'étais une jolie petite fille, plutôt souriante et tout à fait aimable.

Lorsque j'ai vu le film « Le discours d'un roi », j'ai été frappée par la similitude entre ma souffrance d'agoraphobe et celle d'une personne bègue. Dans ce film, on peut voir la souffrance de cet homme qui n'a aucun handicap physique (son larynx et ses cordes vocales sont intacts), peut parler presque normalement avec sa proche famille mais qui, lorsqu'il veut parler hors ce cercle protecteur, ne peut pas le faire car, au moment où il souhaite faire part de son opinion ou de sa décision, sa gorge se contracte et les sons restent bloqués. Je me suis revue en train d'essayer de me rendre à la station de bus la plus proche de chez moi. Au milieu du chemin, tel un pantin qui aurait obéi à la volonté d'un autre cerveau, je sentais que mes jambes ne me portaient plus et que si j'avais fait un pas de plus dans cette direction, elles auraient plié et je me serais écroulée sur le trottoir. Moi non plus je n'avais aucune anomalie physique qui m'aurait empêchée de marcher et pourtant, en certaines circonstances, j'en étais incapable. C'est la meilleure comparaison que j'ai trouvée à ce jour pour faire comprendre à ceux qui ne sont pas passés par cette souffrance ce que l'on peut ressentir lorsque l'on est comme privé de sa volonté propre et à quel point l'on se sent misérable devant une telle infirmité.

L'enfer, c'est les autres

Avec le recul, je pense qu'à une certaine époque de ma vie, je suis même arrivée au bord de la paranoïa. Je considérais « les autres » comme un danger potentiel. La gentillesse ne pouvait pas exister à l'état pur : elle cachait forcément quelque chose. Je me suis ainsi privée, durant près de dix ans, de l'affection d'une merveilleuse personne, qui est devenue une amie très chère par la suite : Monica. Elle était fournisseur de l'entreprise dans laquelle je travaillais et je pensais que ses tentatives d'approche étaient intéressées et n'avaient pour seul but que l'obtention de meilleurs délais de paiement. Heureusement, la vie s'est chargée de m'ouvrir les yeux à son sujet après que j'ai accepté son aide à un moment très douloureux de mon existence. Ma suspicion systématique m'a certainement privée de belles amitiés.

Je devais me garder de toute confidence et de toute faiblesse car on aurait pu les utiliser contre moi. Je me méfiais de tout le monde, sauf des membres de ma famille. J'étais extrêmement exigeante tant vis-à-vis de moi que de mon entourage amical et professionnel. Je n'admettais aucune faiblesse, aucun laxisme, aucun retard (j'étais toujours en avance !), aucun travail sommaire ou imprécis. Je ne supportais aucune critique car elle me renforçait dans mon sentiment de danger extérieur. Mon credo était : « Souffrance, silence, sérieux, rigueur, critique. » Je me repliais toujours un peu plus sur moi-même. La joie, l'ouverture aux autres, les grands éclats de rire m'étaient presque inconnus.

J'ai eu malgré tout quelques amies à qui j'ai pu laisser entrevoir ma souffrance. Elles m'écoutaient avec bienveillance, sans me juger, mais ne pouvaient pas saisir les incidences quotidiennes de mes angoisses et surtout je ne leur ai jamais demandé d'aide. Heureusement pour ma santé mentale, leur simple présence m'a souvent réconfortée. J'ai largement desserré ce carcan depuis quelques années, mais une certaine raideur peut encore subsister dans mon attitude, comme une espèce de réflexe conditionné. La plupart du temps, je m'en aperçois rapidement et je peux modifier ma façon d'être ou de parler, et même rire de moi.

Durant ces trente années, j'ai tant de fois appelé la mort pour cesser de souffrir, comme dans la chanson « Stone » tirée de *Starmania* où la serveuse automate chante : « Ne venez pas me secourir / Venez seulement m'abattre / Pour m'empêcher de souffrir... » J'ai cru tant de fois devenir folle. J'aurais voulu hurler ma souffrance et ma frustration tant elles étaient insupportables. Mais j'étais impuissante, incapable de changer ma vie. Je ne pouvais pas devenir, comme par magie, semblable à tous ces gens qui chaque jour accomplissaient sans effort tous les gestes du quotidien qui me coûtaient tant. J'en arrivais vraiment à souhaiter que ma vie s'arrête, pour cesser de lutter et de souffrir. Mais une force irrésistible me poussait toujours à relever la tête et à combattre ce mal qui me rongeait.

On dit que le Phénix se caractérise par son pouvoir à renaître de ses cendres et qu'il symbolise les cycles de mort et de résurrection. Le mythe du Phénix est souvent associé au signe du Scorpion. Les Scorpions les plus évolués veulent être des Phénix ou des aigles, qui vont au-delà du monde pour devenir des êtres extraordinaires. Le soupçon et la jalousie peuvent les ramener à terre, mais leur passion peut les aider à réussir.

Heureusement pour moi je suis Scorpion ascendant Scorpion.

Les premiers malaises

Le premier ébranlement : la mort de mon frère

À vingt-deux ans, ma vie a totalement basculé. En rédigeant ces lignes, j'ai saisi l'ampleur de cet ébranlement qu'avait produit dans ma vie la mort de mon frère Tanguy dans un accident de voiture, en juin 1968. Il revenait d'un week-end en Normandie avec sa fiancée et un ami lorsqu'une voiture s'est déportée sur sa file et a percuté sa Mini de plein fouet à vive allure. Il a été tué sur le coup et ses deux passagers, éjectés par le choc, ont été assez gravement blessés. Ce décès a totalement ébranlé ma terre intérieure et ma vie s'est alors enfoncée progressivement dans le chaos.

Tanguy était un jeune homme brillant que tout le monde adorait dès la première rencontre. Il vivait dans le monde de la nuit, celui du Tout-Paris, à cent à l'heure ; après sa mort, nous avons reçu des témoignages d'affection du monde entier. Devant lui, je me sentais comme un papillon de nuit devant une étoile. Je l'admirais de loin, je le plaçais sur un piédestal. Les femmes défilaient dans sa vie, séduisantes et libérées. Il me répétait souvent qu'il ne voulait pas que je ressemble à toutes les femmes avec lesquelles il sortait. Je me sentais flattée et protégée, mais je ne saisissais pas alors à quel point ces remarques pouvaient entraver ma liberté.

À sa mort, ma mère s'est effondrée ; emmurée dans sa souffrance, elle a cessé de s'intéresser au reste du monde. En plus de la douleur que cette mort avait provoquée en moi, je me suis sentie rejetée, abandonnée encore une fois, moi qui avais toujours vécu pour et à travers ma mère. Je me revois encore pétrifiée, le téléphone à la main, lorsque j'ai appris par le secrétariat de l'hôpital d'Évreux – où son corps avait été transporté après l'accident – que mon frère était mort. J'ai senti mon être tout entier se disloquer. Prévenir mon père et ma mère me paraissait au-dessus de mes forces ; pourtant j'ai dû le faire.

Je n'ai pas pu pleurer, ni à l'annonce brutale de la mort de Tanguy, ni à l'enterrement, ni dans les jours et les semaines qui ont suivi. J'étais comme frappée de stupeur, anesthésiée. Puis devant cette injustice, la rage s'est emparée de moi. Je crois que j'aurais pu étrangler ce conducteur imprudent qui avait « assassiné » mon frère en toute impunité (il n'eut même pas une suspension de permis, alors qu'il n'avait ni les pneus réglementaires ni les lunettes qu'exigeait son permis de conduire). Ce n'est qu'un an après sa mort, au cours de l'enterrement d'une de ses amies, que je me suis effondrée en larmes jusqu'à avoir du mal à marcher et ne pas pouvoir sortir seule du cimetière.

La souffrance de ma mère occupa tout l'espace, au point que je ne vis pas celle de mon père, pourtant tout aussi vive. Mon frère cadet s'est marié peu après et a quitté la maison. Dans notre famille mutique, le bonheur est soudain devenu honteux et je culpabilisais d'être encore en vie. Nous ne parlions déjà pas beaucoup de nos sentiments et de nos émotions avant la mort de Tanguy, mais après, chacun de nous s'est refermé sur son propre chagrin et le dialogue est devenu totalement impossible.

Je crois qu'il est difficile d'imaginer la douleur qu'une mère peut ressentir à la perte d'un enfant. Cette abomination bouleverse son univers à jamais. Le monde tel qu'il était auparavant n'existe plus. La vie se retire progressivement du corps, comme la mer lors d'une grande marée ; malheureusement, le reflux n'arrive jamais. Tous les ans, au début du mois de juin, ma mère s'habillait de noir des pieds à la tête et nous revivions cette période de deuil atroce qui avait suivi la mort de Tanguy. Je voyais arriver ce mois avec une telle horreur que je devins allergique aux pollens de graminées qui fleurissent à cette période de l'année. Les crises s'aggravaient avec le temps. Je ne comprenais pas pourquoi ce phénomène s'était tout à coup déclenché. Les médecins étaient impuissants et je devais recourir à des piqûres de cortisone pour pouvoir continuer à travailler de fin mai à mi-juillet. Même le rapprochement, fait avec ma thérapeute, entre le deuil et l'allergie, n'avait pas suffi à m'en débarrasser. L'acupuncture en vint à bout.

Après ce tremblement de terre, j'ai fait face tant bien que mal. J'ai essayé de soutenir mes parents et de poursuivre ma vie, de recoller les morceaux. Personne ne s'occupait de moi. Encore un abandon.

Visite à Londres

À la fin de l'été 1969, j'avais prévu de rejoindre un de mes amis de faculté, qui était en stage à Londres et qui m'avait proposé de venir le retrouver tandis que je séjournais chez des cousins dans le sud de l'Angleterre. Je n'avais jamais visité cette ville, et c'était l'occasion de le faire. Nous devions ensuite revenir à Paris dans sa voiture. J'avais un petit faible pour lui et je sentais que c'était plutôt réciproque. Arrivée en train le vendredi matin, je déposai mes bagages à l'hôtel qu'il m'avait indiqué et me précipitai vers un taxi pour commencer mon périple touristique. Au moment où je posai le pied dans cette vieille voiture noire, je ressentis d'abord comme un léger étourdissement ; mon corps se couvrit de sueur, mon cœur commença à battre à toute vitesse et je sentis le malaise arriver. Je n'avais jamais rien éprouvé de tel auparavant.

C'était comme un film au ralenti : plus j'avançais mes jambes pour m'installer à l'intérieur du taxi, plus le malaise s'accentuait et me pétrifiait. Incrédule, je sentais que si je passais outre ces avertissements, m'asseyais et laissais le véhicule démarrer, je risquais de m'évanouir pour de bon.

Je réalisai alors qu'il me serait impossible d'entreprendre la visite des monuments et je regagnai mon hôtel, la mort dans l'âme. La directrice de l'établissement, devant mon visage défait, me prit en charge et appela un médecin. Ne figurant sur aucune liste (la médecine sociale anglaise de l'époque laissait encore à désirer), aucun médecin ne voulut me prendre en consultation et je me retrouvai à l'hôpital. Après de nombreux examens et une radio pour vérifier que je n'étais pas enceinte – malgré mes explications laborieuses pour leur faire comprendre qu'aucun enfant n'était né par l'opération du Saint-Esprit depuis près de deux mille ans –, on diagnostiqua une simple crise d'angoisse et l'on me laissa repartir le soir même après m'avoir fait une piqûre de Valium. Prévenu de mon malaise par la directrice de l'hôtel, mon ami, très inquiet, me récupéra à la sortie de l'hôpital et décida de rentrer dès le lendemain matin à Paris. Je ne me souviens guère de notre retour car la dose injectée avait été puissante et je ne devais pas être très alerte. Notre intermède amoureux s'est arrêté là.

Début des crises

Début septembre, je rejoignis avec allégresse la société qui m'avait engagée au sortir de la faculté d'Assas, et j'entrai ainsi dans la vie active avec le titre d'ingénieur-conseil, dans un cabinet de conseil en investissement industriel qui travaillait essentiellement pour des instances gouvernementales. Début 1970, le ministère français de la Coopération lui commanda une étude du marché américain des meubles de style français fabriqués avec des bois malgaches. La demande de ce type de produits français étant alors très forte aux États-Unis, les débouchés pour ce pays en développement auraient été assurés pour une longue période. Une fois l'étude terminée, les experts du ministère se rendirent compte que les espèces étaient si imbriquées les unes dans les autres que l'exploitation industrielle de la forêt était impossible !

Je partis donc pour les États-Unis avec des échantillons d'essences malgaches traitées comme du chêne ciré, patinées, lasurées, rechampies, peintes, afin de rencontrer des fabricants de meubles à New York et

Boston, susceptibles d'importer ces essences pour fabriquer des meubles de style français. À plusieurs reprises, en me promenant dans les rues, je sentis monter de petites bouffées d'angoisse. C'était cependant loin d'être aussi fort qu'à Londres et je réussis à surmonter les crises. Comme j'étais logée dans la famille de ma belle-sœur et que j'étais entourée des amis que mon frère Tanguy s'était faits aux États-Unis lors de son dernier séjour, je ne me sentais pas seule et je n'éprouvais pas trop ce sentiment d'insécurité qui m'avait terrassée lors de mon voyage en Angleterre.

Par la suite, je fus envoyée en Algérie, puis en Iran, pour réaliser des études de faisabilité de projets industriels commandées au cabinet auquel j'appartenais. Ce dernier voyage fut un supplice : je devais faire une enquête visant à déterminer les activités mécaniques et électriques qui pourraient être développées dans la plaine du Guilan, au sud de la mer Caspienne, pour occuper la main-d'œuvre libérée par le développement de la mécanisation de la culture du riz. Je me retrouvai dans les rues de Téhéran, rare femme à se promener durant cette période de ramadan, la peur au ventre mais dans l'obligation de faire face à mes engagements professionnels. Dans la journée, comme j'étais occupée, j'arrivais à masquer mes angoisses ; mais la nuit, mes malaises se déchaînaient et je restais tétanisée jusqu'au matin dans ma chambre d'hôtel, les yeux grands ouverts.

À mon retour, je décidai de ne plus jamais voyager seule car il me semblait que les déplacements à l'étranger, sans être accompagnée, étaient la cause de mes angoisses. Je n'avais pas conscience que j'étais malade. Je décidai alors d'inventer n'importe quelle excuse – un problème au niveau de l'oreille interne ou une malformation cardiaque – qui m'interdirait de prendre l'avion sans pour autant risquer de perdre mon travail. Il était très important que personne ne sache qu'une sorte de folie me gâchait la vie. Je ne réalisais pas que mon silence augmentait mes malaises. Nier la souffrance est une agression contre soi-même qui ne fait qu'empirer le mal.

Plus le temps passait, plus je m'efforçais de paraître « normale », alors que j'avais de plus en plus de mal à juguler mes malaises. Je ne comprenais pas de quoi j'avais peur, mais c'était irrépressible. J'ai consulté quelques généralistes qui n'ont vu que les symptômes : douleurs thoraciques, palpitations, spasmophilie, diarrhées, baisses de tension, etc., sans comprendre pourquoi les troubles subsistaient et s'aggravaient. Par bonheur, j'ai évité de passer de spécialiste en spécialiste, comme c'était souvent le sort des personnes atteintes d'agoraphobie à cette époque. À l'heure actuelle, cette pathologie est mieux connue et plus vite décelée.

J'avais beau me raisonner, rien n'y faisait. Le rationnel n'a pas de prise sur les bouffées d'angoisse et les peurs paralysantes.

Licenciement

Fin 1974, j'allais avoir vingt-huit ans. Je me décidai enfin à quitter mes parents pour m'installer dans un appartement que j'avais acheté à trois cents mètres de chez eux, dans le même immeuble que mon frère cadet. J'ai eu beaucoup de mal à quitter le cocon familial où je me sentais protégée et, si mon frère ne m'avait pas poussée à faire cet investissement, je ne serais pas partie avant des années.

En septembre 1976, rentrant de vacances, je découvris ma lettre de licenciement. Je n'étais pas personnellement mise en cause, mais mon employeur, qui réalisait à cette époque la quasi-totalité de son chiffre d'affaires avec les sociétés nationales algériennes, ne parvenait plus à se faire payer en raison d'un différend politique entre la France et l'Algérie. Devant l'impossibilité de régler les salaires de ses employés, il fut contraint de licencier l'ensemble du personnel.

Le coup fut rude car je ne m'attendais pas à cette rupture brutale. Mes angoisses prirent alors une forme paroxystique encore jamais atteinte. À l'idée d'ouvrir la porte de mon appartement et d'avancer mon pied sur le palier pour prendre l'ascenseur et rejoindre le monde, j'étais paralysée. Je ressentis à nouveau les mêmes symptômes qu'en pénétrant dans ce taxi londonien où tout avait commencé. Pendant plusieurs jours, chaque fois que je tentais une sortie, j'entrais dans des transes insurmontables. J'avais besoin de me retrouver pelotonnée dans mon lit avec la couette sur la tête pour me sentir en sécurité. Je ne pouvais pratiquement plus sortir de chez moi et je ne pouvais plus m'endormir, malgré les somnifères, de peur de me réveiller en état de panique totale ou de mourir durant mon sommeil.

La montée en puissance de mes malaises a pris plusieurs années. Au départ, ils survenaient lorsque j'étais seule loin de chez moi. Après mon licenciement, ils ont atteint, durant quelques semaines, le stade ultime d'enfermement à l'intérieur même de mon domicile. Heureusement pour mon équilibre, je n'étais pas seule à cette époque de ma vie. Au début de l'année 1976, j'avais été chargée de revoir l'ensemble des supports publicitaires et promotionnels de l'entreprise. C'est ainsi que j'avais fait la connaissance d'un homme, Pierre, directeur de la petite agence de publicité choisie pour cette révision.

Nous sortions ensemble depuis quelques mois au moment où j'ai perdu mon travail. Son divorce avait entraîné chez lui le même type d'attaques de panique, mais il avait réussi à s'en sortir et savait comment m'aider. Impossible, bien sûr, de lui cacher mon état car nous étions souvent ensemble, et là j'ai été obligée de baisser ma garde, contente d'avoir quelqu'un à qui parler pour la première fois de ma vie. Il m'obligeait à manger, car je ne pouvais plus rien avaler, et à effectuer de longues promenades avec lui en forêt, dont je revenais physiquement épuisée, ce qui me permettait de fermer les yeux quelques heures. Je ne parlais évidemment à personne d'autre de ces malaises. Pour tout le monde, j'étais la battante, la femme forte dont on admirait l'énergie, la débrouillardise et la ténacité dans sa recherche d'un nouveau poste.

Colosse aux pieds d'argile, petit guerrier fragile, je faisais face tant bien que mal aux derniers travaux comptables que le cabinet me demanda d'effectuer avant mon départ. Parallèlement, je poursuivais ma recherche d'emploi mais au prix d'une énergie purement « nucléaire ». Pierre devait me véhiculer à chacun de mes déplacements, mais lorsque je me trouvais devant un employeur potentiel, je recouvrais tous mes moyens et m'en sortais très bien. Dès que je me retrouvais seule, mes angoisses revenaient et mon assurance disparaissait. Ma belle-sœur m'a raconté récemment qu'un jour, j'avais téléphoné à mon frère Patrick en lui demandant de m'aider à sortir de chez moi. Sur le moment ils avaient pensé que ma clé était cassée dans la serrure ou que ma porte était coincée. Arrivé à mon appartement, mon frère ne constata aucun problème matériel et fut très étonné que je lui demande de me conduire à un rendez-vous à quatre kilomètres de notre immeuble alors que ma voiture était garée à côté de la sienne dans le parking souterrain. Il me véhicula avec gentillesse, mais ne me posa aucune question.

Repli sur soi

Depuis plusieurs années, mon frère Patrick travaillait avec sa femme dans un groupe de confection de renom dont le fondateur était son beau-frère. Il me recommanda auprès du directeur financier qui cherchait une assistante. Par chance, mon profil lui plut et il ne se passa qu'un week-end entre la fin de mon travail d'ingénieur-conseil et le début de ma nouvelle fonction d'assistante financière. C'était une période bénie où le chômage existait peu. Je me plongeai alors dans une activité frénétique qui ne laissait aucune place à l'introspection et l'analyse. C'était comme si ma vie s'était trouvée entre parenthèses depuis l'été de mon licenciement et que je devais rattraper le temps perdu. La semaine, je me familiarisais avec mon nouveau métier et, le week-end, je me perfectionnais en comptabilité, qui allait devenir la base de mon travail mais que j'avais peu abordée durant mes études. J'acceptais en outre toutes les tâches que l'on me confiait pour combler un vide et de ne pas prendre le risque de laisser mes angoisses s'y engouffrer : au moment des salons du prêt-à-porter, j'aidais les équipes de vente sur les stands et je m'occupais plus particulièrement des clients de langue anglaise. Une fois par mois, je partais en Belgique avec un des représentants pour contrôler la comptabilité d'un magasin à Anvers qui appartenait à plusieurs directeurs du groupe.

Au cours de ces voyages, j'arrivais à endiguer mes malaises car j'étais rarement seule. Les autres week-ends et toutes les vacances, je les passais en famille. Parents, enfants et petits-enfants étaient heureux de se retrouver. Avec la naissance de ses deux premiers petits-enfants, ma mère semblait se remettre peu à peu de la mort de mon frère Tanguy et j'éprouvais un réel bonheur à m'occuper avec elle de mes deux neveux.

Je n'avais pas véritablement de vie personnelle, mais cela m'importait peu car je sentais les miens heureux. À trente ans, toute ma vie était centrée sur mon travail et ma famille, ce qui me laissait fort peu de temps pour ressentir un manque et me poser des questions sur ma situation de célibataire sans enfant et peu épanouie. Pierre, en bon Samaritain, très présent lors de mes premiers malaises, m'avait quittée au bout d'un an pour une jeune femme qui avait des problèmes psychologiques plus graves que les miens. Quand j'étais en famille ou dans cette entreprise quasi familiale, j'éprouvais un sentiment de sécurité et j'oubliais mes peurs pour quelques heures ou quelques jours. Imaginez une douleur qui s'arrêterait net une fois entouré des vôtres ou dans un cadre professionnel sécurisant, et qui reprendrait dès que vous seriez seul. Que feriez-vous ? Ne chercheriez-vous pas à vivre le plus souvent possible dans ces deux cocons ? C'est ce que j'ai fait.

La descente aux enfers

Le second ébranlement : la mort de ma mère

En février 1978, alors âgée de trente et un ans, je partis en vacances pour deux semaines à Agadir avec ma mère, mon père et mes deux neveux de huit et quatre ans. Pierre, réapparu dans ma vie quelques mois plus tôt, devait nous rejoindre avec sa fille âgée de huit ans pour la seconde semaine. Prenant mes rêves pour des réalités, je croyais que ce voyage scellerait nos retrouvailles et nous conduirait au mariage. Quelques jours après notre arrivée, je faisais des pâtés de sable avec mes neveux sur la plage lorsque je vis des gens s'agglutiner au bord du rivage et faire de grands gestes en direction de la mer. Peu à peu, je pris conscience qu'un accident venait de se produire, mais je repoussais l'idée que cela pouvait concerner mes parents, partis se promener le long du rivage, les pieds dans l'eau. Je ne voulais même pas envisager cette possibilité, mais l'angoisse commença à se faire sentir puis s'empara de moi, irrésistiblement. Je ne voulais pas voir, je ne voulais pas savoir ; j'implorais quelques moments de paix. Je pensais : non, pas ça, pas encore, la foudre ne peut pas frapper deux fois au même endroit.

La mer finit par rendre les deux corps, dont celui de ma mère, sans vie. Mon père, inanimé, fut transporté à l'hôpital dans le coma. Lorsque la foule massée sur la plage s'écarta, je me sentis « contemplée » avec une sympathie horrifiée, et je pris progressivement conscience de cette réalité épouvantable : les victimes étaient bien mes parents. Je restai glacée d'effroi, tétanisée, comme à la mort de mon frère en 1968 ; je sentais à nouveau tout mon corps et mon esprit se disloquer en de multiples morceaux. Je me répétais inlassablement : comment cela a-t-il pu arriver, ce n'est pas possible, pas ma mère, qu'est-ce que je vais faire maintenant ? J'ai perdu un moment la notion du temps puis je me suis reprise car je voulais à tout prix protéger mes neveux. Je les serrai contre moi pour qu'ils ne voient pas les corps. Au bout de plusieurs heures, je finis par joindre au téléphone mon frère et ma belle-sœur qui prirent le premier avion en partance pour le Maroc.

À cette époque, les moyens de communication n'étaient pas aussi rapides qu'aujourd'hui. Environ vingt-quatre heures s'écoulèrent entre l'accident et l'arrivée de mon frère. Je ne me souviens plus dans le détail de cette interminable journée. Je refusais toutes les propositions d'aide des clients et du personnel de l'hôtel. Je tentais de rester impassible. Il fallait que je me construise une armure pour ne pas risquer de craquer devant les enfants et aggraver leur traumatisme. En ce jour funeste, j'aurais tellement aimé que quelqu'un me prenne dans ses bras et me berce doucement. Personne ne m'avait protégée lorsque j'étais enfant ; alors je voulais être un rempart pour mes neveux. Ce sont aujourd'hui des hommes équilibrés et de bons navigateurs, mais ils ont eu les plus grandes difficultés à apprendre à nager.

Mon père sortit de l'hôpital au bout de quarante-huit heures. Nous effectuâmes toutes les démarches pour rapatrier le corps de ma mère en France. Entre-temps, Pierre était arrivé avec sa fille, mais il ne revint pas avec nous afin de ne pas lui « gâcher » ses vacances. De retour à Paris, juste après l'enterrement de ma mère, il m'annonça au cours d'un déjeuner qu'il me quittait de nouveau, ne « supportant pas les yeux rougis ». À cet instant, la douleur fut si profonde que je n'imaginais pas qu'elle puisse prendre fin. Je crus que je n'aurais plus la force de mettre un pied devant l'autre pour quitter le restaurant et rejoindre mon lieu de travail. Il me parut soudain impossible de pouvoir, un jour, recoller les morceaux de ce cœur déjà très meurtri. Je me suis débrouillée tant bien que mal pour rejoindre mon bureau et vivre cette journée sans m'écrouler. J'ai mis le nez dans mes comptes, répondu au téléphone, parlé avec mes collègues sans rien laisser paraître. J'ai fini cet horrible jour comme un automate, totalement anesthésiée. Pierre, cet homme à qui j'avais fait confiance et en qui j'avais mis tous mes espoirs, cet homme à qui j'avais livré mes secrets les plus intimes, révélé mes angoisses et ma maladie, cet homme, qui savait tout de moi et de mes démons intérieurs, m'avait rejetée et abandonnée. Je me rends compte, en écrivant ces lignes, que je l'ai échappé belle : c'était un être insensible qui m'aurait fait souffrir ma vie durant.

Encore une fois, le petit soldat fit face et se remit en marche. Ne rien montrer, ne pas laisser la douleur s'installer, ne pas accomplir son travail de deuil, ne jamais pleurer ou s'épancher, bloquer toutes les émotions avant qu'elles ne vous submergent : j'avais agi ainsi à la mort de mon frère et fis de même à la mort de ma mère.

La vie reprit son cours tant bien que mal, encore plus frénétique qu'auparavant. Je vidai seule l'appartement de mes parents et continuai à travailler à un rythme soutenu (le travail est une excellente thérapie contre le chagrin). Je passais tout mon temps libre auprès de mon frère Patrick à prendre soin de mes neveux et de Kitty ma belle-sœur. À la suite du décès de ma mère, qu'elle aimait beaucoup, ma belle-sœur avait sombré dans une profonde dépression aggravée par une nouvelle grossesse. Je m'occupais également de mon père qui, lui aussi, était progressivement tombé en dépression. Il ne pouvait plus dormir car, dès qu'il fermait les yeux, il revivait l'accident et ressentait la panique qui les avait gagnés lors de leur lutte contre les vagues. En octobre 1978, il fallut le placer dans une clinique spécialisée, où il entra en cure de sommeil afin de faire disparaître son syndrome de stress post-traumatique dû à la noyade. Personne évidemment ne s'occupait de moi, mais je n'en avais pas conscience, même si la vie me semblait très lourde à porter dès que je me retrouvais seule. L'aide que j'offrais aux miens était si pleine de l'amour que je ressentais pour eux que mon dévouement ne me pesait pas. Mon dos en revanche était de plus en plus douloureux, ce qui me poussa à faire du yoga – que je continue encore à pratiquer aujourd'hui. Un mois plus tard, Kitty mit au monde de magnifiques jumeaux et mon père sortit de clinique.

Au début de l'année qui suivit, mon frère, sa femme et quelques amis quittèrent le groupe de confection dans lequel ils travaillaient pour monter une petite entreprise dans le domaine du vêtement pour enfants. La semaine, j'assurais mes fonctions comptables et financières au sein d'une entreprise du Sentier et, durant mes week-ends, je tenais la comptabilité de l'entreprise naissante de mon frère et j'aidais ma belle-sœur à s'occuper de ses quatre garçons.

Encore une fois, je me surchargeais d'activités afin de ne rien ressentir et de m'empêcher de souffrir.

Début 1980, mon père se remaria avec une Israélienne venue pour visiter Paris et que des amis lui avaient présentée au cours d'un dîner quelques mois auparavant. Elle était merveilleuse et je l'ai beaucoup aimée et admirée pour sa gentillesse, son tact avec la famille de ma mère et pour sa patience face aux exigences de mon père. La liberté s'offrait à moi !

Le répit

La même année, j'ai rejoint l'entreprise de mon frère à plein temps, prenant en charge la comptabilité et les finances. En août, mon frère décida, avec ses associés, de fédérer les différents magasins déjà ouverts sous une même enseigne, avec un même concept de boutique bleu et blanc, et déposa le nom de Jacadi. Le développement fut fulgurant car le produit, en raison de sa qualité et de son prix, répondait à une demande non satisfaite du marché français de l'époque. Mon frère dirigeait la société et avait la responsabilité des fabrications tandis que ma belle-sœur s'occupait des collections. Le succès fut au-delà de nos espérances et l'entreprise souvent citée en exemple dans la presse. Cette aventure fut exaltante et je m'investissais totalement dans mon travail ; cela donnait un sens à ma vie. Je me sentais en sécurité au sein de cette entreprise familiale florissante dont le siège était situé à quelques pâtés de maisons de mon domicile. J'étais reconnue pour mes compétences, j'avais des responsabilités importantes et l'impression que les autres salariés, les fournisseurs et les clients franchisés m'entouraient et me protégeaient. Le week-end et les vacances se déroulaient généralement chez mon frère et ma belle-sœur où je m'occupais de mes quatre neveux, pour lesquels j'étais à la fois une tante, une grand-mère et un compagnon de jeux. Je tentais de combler le vide qu'avaient laissé ceux qui étaient morts. Je me suis assigné une place qui n'était pas la mienne. Encore une fois, personne ne m'avait rien demandé, mais on m'a laissée faire. Je me rends compte maintenant que ma présence continuelle auprès de mon frère et de ma belle-sœur a dû être plus d'une fois pesante pour eux. Les enfants par contre étaient toujours ravis de me voir.

Comme mes angoisses ne survenaient que lorsque je devais me déplacer seule, j'évitais au maximum les rencontres entre amis ou les rendez-vous hors de mon bureau. Ma position dans l'entreprise me le permettait. Cet évitement me semblait être une souffrance acceptable comparée à celle que je ressentais lors de mes crises de panique.

Ce répit a duré quatre ans. J'ai alors un peu baissé les bras devant ma maladie. J'étais résignée à vivre avec, le moins douloureusement possible.

L'explosion

En novembre 1984, quelques jours avant mes trente-huit ans, durant le week-end de la Toussaint, mon appartement fut entièrement détruit par une explosion de gaz. La fuite à l'origine du désastre avait été provoquée par des travaux de terrassement entrepris quelques jours auparavant dans la chaufferie de l'immeuble, située au-dessus de chez moi. Je me trouvais alors en Bretagne avec quelques amis quand je reçus, à trois heures du matin, l'appel téléphonique d'une voisine qui sanglotait comme si l'explosion avait fait de nombreuses victimes. Un ami me raccompagna chez moi en voiture et, en pénétrant dans ma rue, je fus accueillie par le bruit continu de verre cassé que faisaient les bennes à ordures municipales en ramassant les morceaux des vitres brisées par l'explosion. L'angoisse fut si forte que je me sentis de nouveau anesthésiée, comme si, après avoir reçu un coup sur le crâne, mon cerveau se déconnectait pour amortir le choc.

En arrivant à hauteur de mon immeuble, je vis un attroupement de policiers, de pompiers et de voisins. Parvenue au sixième étage par l'escalier – la cage de l'ascenseur était partiellement éventrée –, je trouvai un grand trou noir en lieu et place de mon appartement. L'étage où je vivais et celui du dessous avaient été entièrement détruits. Plus de vitres, de rambarde à ma terrasse, de cloisons debout, plus de meubles, plus de vêtements, plus un seul papier – plus rien. Heureusement, il n'y eut ni mort ni blessé. Je n'avais pas besoin d'éprouver en plus un sentiment de culpabilité. Même si je ne pouvais être tenue pour responsable de cette catastrophe (et le parquet de Nanterre me le confirma rapidement), s'il y avait eu des victimes, je me serais sans doute sentie fautive.

Ce qui m'attrista le plus sur le moment fut de voir disparaître les souvenirs et les photographies de ma mère et de mon frère Tanguy. Personne ne pouvait imaginer à quel point j'avais besoin de mon cocon pour tenir debout. Ce fut pour moi un séisme de force sept sur l'échelle de mes ébranlements, dont je ressortis passablement éprouvée et de plus en plus angoissée.

Après avoir été hébergée chez Patrick et Kitty pendant un mois, je réussis à trouver un studio, à la fois proche de mon bureau et du lieu du sinistre (afin de surveiller l'avancement des travaux), où je séjournai pendant neuf mois, le temps nécessaire pour reconstruire le mur porteur de l'immeuble et mon appartement. Dans ce nouveau contexte, mes angoisses décuplèrent. Le cocon que constituait habituellement mon bureau ne suffisait plus à les tenir à l'écart. Souvent, dans la journée, je sentais le vertige me guetter, mon cœur s'emballer, ma gorge se nouer. Je reculais au maximum le moment de rentrer dans mon provisoire « chez-moi » car les crises de panique ne me quittaient plus et m'empêchaient de trouver le sommeil.

Encore une fois, le petit guerrier s'arma comme il pouvait pour se débattre dans les problèmes d'assurances, de reconstruction et les procès que des voisins mal intentionnés avaient décidé de m'intenter pour les dégâts qu'ils avaient subis. Je n'étais pas légalement responsable de l'accident, mais certains pensaient pouvoir tirer quelque avantage de la situation. Le plus difficile à supporter durant cette période fut la vindicte à mon égard. J'ai souvent ressenti, au cours de ma vie, ce sentiment (presque palpable) de haine : on m'aimait ou on me détestait ; je laissais peu de gens indifférents – c'était du moins mon impression.

En septembre 1985, ma belle-sœur agrandissait le cercle de famille en mettant au monde son cinquième enfant, une magnifique petite fille blonde. C'est à cette époque que, à la suite d'une énième déception sentimentale avec un homme qui, à l'âge de cinq ans, avait passé un an de sa vie dans un camp de concentration et avait du mal à concevoir un attachement durable (ce que l'on peut comprendre), je décidai de rayer une fois pour toutes les hommes de ma vie car je les trouvais trop décevants. J'ai tenu ainsi dix ans sans regarder ni convoiter qui que ce soit portant un pantalon.

Le sarcophage est scellé

À la fin de l'année 1988, mon frère et ses associés vendirent la société dans laquelle nous travaillions tous depuis dix ans à un groupe anglais réputé. La presse salua unanimement la belle performance de ce fleuron français du bon goût qui passait entre les mains d'un groupe puissant capable de favoriser son développement à l'international.

Les Anglais – qui ne sont pas connus pour être des philanthropes en affaires – conservèrent mon frère à son poste car il était le fondateur et l'âme de l'entreprise, mais licencièrent ses associés. Le capital de Jacadi était détenu en totalité par une filiale française du groupe anglais qui avait racheté notre société. Elle exerçait son activité avec succès dans le domaine du meuble. Rompue aux méthodes de gestion anglo-saxonnes, elle nous aidait à nous mettre « à l'heure anglaise ». Un de ses responsables convoitait mon poste de directeur financier et passait son temps à mettre en relief mes lacunes dans la maîtrise du contrôle de gestion et de la langue de Shakespeare. Lui en revanche ne connaissait rien au secteur de l'entreprise et était loin de faire l'unanimité au sein du personnel. Encore une fois, je luttai de toutes mes forces. Je pris des cours pour me mettre à niveau en anglais et en contrôle de gestion et réussis à conserver mon poste.

Cependant la bagarre fut rude et ébranla encore un peu plus mon univers intérieur et le fragile échafaudage mis en place pour me tenir debout. Je me réveillais presque toutes les nuits le souffle coupé, en état de panique totale. Fin 1989, le groupe anglais qui avait racheté l'entreprise décida de se recentrer sur son cœur de métier en Grande-Bretagne et de revendre ses filiales françaises, qui au demeurant étaient largement bénéficiaires. Mon frère, aidé d'une demi-douzaine de banques, racheta l'entreprise aux Anglais, à un prix inférieur à celui de la vente primitive. La presse économique encensa ce coup de maître qui en fait avait été un coup de hasard.

Je me sentis à nouveau en sécurité, calée entre mon travail et ma famille. Même si je souffrais encore de terribles crises d'angoisse lorsque je devais me déplacer seule, j'apprenais à vivre avec et, surtout, à me retrouver seule le moins possible. La semaine, je m'abrutissais de travail afin de tenir mes peurs à distance. Je consacrais mes week-ends et mes vacances à mes neveux et nièce, ce qui constituait un barrage tout aussi efficace. Je me contentais de ce confort relatif car je ne voyais pas d'issue à mes malaises.

Alors commença l'ascension irrésistible de l'entreprise, et avec elle le sentiment de puissance que me donnait mon poste de directeur financier. J'étais enfin reconnue pour ma valeur, bien que souvent la flatterie y soit pour beaucoup ; j'avais l'impression d'avoir trouvé ma vraie place dans cette vie. J'avais transformé ma peur en pouvoir et c'était un moyen d'exorciser une partie de mes angoisses.

Les thérapies

Les vies antérieures

En apparence, je me contentais de ce confort relatif qui consistait à tenir mes malaises éloignés la plupart du temps ; mais mon inconscient ne se satisfaisait pas de cette solution de facilité. Une force intérieure me poussait à rechercher malgré tout une solution. Je souffrais tellement, à cette époque, que si l'on m'avait dit qu'il me fallait traverser tout Paris sur les mains pour aller mieux, je l'aurais fait. Au printemps 1989, recherchant toujours à venir à bout de mes angoisses, j'explorais certaines pistes qui, selon les articles que j'avais pu lire, étaient censées régler définitivement des malaises inexplicables.

J'ai d'abord suivi un séminaire sur les états modifiés de conscience avec Patrick Drouot, puis entrepris de faire, avec son assistante, une régression dans mes vies antérieures afin de vérifier si l'une d'entre elles ne pouvait pas être la cause de mes malaises. Je me rendis donc dans une banlieue éloignée, conduite par mon père, qui ne me posa aucune question tant mon désarroi était palpable. Je me retrouvai allongée sur un petit matelas, avec une musique relaxante qui se diffusait dans la pièce, et cette femme qui me demandait de me projeter dans le passé par un escalier descendant de plus en plus profond dans un tronc d'arbre.

La première des « vies antérieures » que j'aurais ramenée à ma conscience était celle d'un homme préhistorique vivant dans une caverne en haut d'une petite montagne et qui, afin de tenir son antre et d'assurer sa descendance, avait enlevé une jeune femme d'un village voisin au creux de la vallée. Après quelques années, elle mourut de solitude et du chagrin de ne plus revoir sa famille, laissant son compagnon à nouveau désespérément seul, sans enfant.

La seconde vie était celle d'un cathare dont la famille avait été brûlée vive dans une église, sous ses yeux et ceux des fidèles qui défendaient cette foi. Fou de douleur, il se retira dans une sorte d'abbaye et y finit ses jours auprès d'un père supérieur qui avait le visage d'une de mes cousines.

La troisième était celle d'un homme contemporain du gang des tractions avant. Lui-même grand voleur de tableaux, il finit assassiné dans son lit à coups de mitraillette. Souvent les personnes qui font des régressions ramènent à leur conscience des vies de personnages importants ; moi c'était plutôt d'humbles manants. Cette femme me fit revivre également la période de ma gestation et le moment de ma naissance. J'eus la sensation que si cette dernière s'était à peu près bien déroulée, la période de la gestation, commencée dans la lumière et la joie, se termina à partir du septième mois dans les ténèbres, le froid et la tristesse.

Je n'ai pas pu recueillir d'informations sur cette période de « pré-vie » ni auprès de ma mère qui n'était plus là, ni auprès de mon père ou d'un quelconque membre de ma famille. Je n'ai jamais su ce qui précipita le fœtus que je fus dans un tel désarroi. J'ai supposé que ma mère avait ressenti une profonde tristesse et sans doute de l'angoisse à l'approche de son terme, d'où cette impression de froid intense. Toute sa famille était restée au Maroc, où elle avait toujours vécu et où elle avait épousé mon père. Elle était venue vivre en France au début de l'année 1946 avec son jeune mari et mon frère aîné car mon père souhaitait, au sortir de la guerre, retourner dans l'Hexagone où l'attendait un travail qui lui permettrait de subvenir aux besoins de sa famille. Le climat, la solitude, l'accueil plutôt froid que lui réserva sa belle-famille ont pu assombrir les derniers mois de sa grossesse. Mais peut-être y a-t-il eu autre chose ?

Toute cette expérience fut extrêmement douloureuse : durant toute la séance, je pleurais convulsivement et, en sortant, j'étais défigurée mais aucunement apaisée. Une fois de plus, mon père ne me posa aucune question et me ramena chez moi encore plus mal qu'avant et peu convaincue par cette expérience. Était-ce par lâcheté ou par respect que mon père restait muet ? Je ne le saurai jamais, alors je lui laisse le bénéfice du doute. J'ai heureusement pu faire la paix avec lui avant sa mort, et c'est pour moi un grand soulagement car je peux continuer à penser à lui avec amour maintenant qu'il n'est plus là.

La sophrologie

Peu de temps après, sur les conseils de mon médecin homéopathe, je suis allée consulter une sophrologue. J'en avais assez de ces entraves, de ce froid intérieur, assez de passer à côté de la vie, du bonheur, des émotions, des sentiments. J'avais envie de vivre, pleurer, crier, manger ; bref, de me sentir vivante, mais je ne savais comment faire. Comme beaucoup de personnes, je pensais à l'époque que les « psys » étaient réservés aux malades mentaux et je ne pouvais envisager d'en consulter un. La démarche qui consistait à consulter une sophrologue capable de me débarrasser de cette phobie en quelques séances – disait la notice – me séduisit beaucoup.

Comme les autres thérapies cognitivo-comportementales (TCC), la sophrologie consiste à déterminer, avec le patient, la nature du problème et à identifier les processus erronés de pensée et les réactions inadaptées mises en place lors des apprentissages émotionnels, cognitifs ou comportementaux inappropriés qui en sont à l'origine. Ensuite, des exercices pratiques de mise en situation permettent d'adapter sa perception et son comportement à la réalité.

Pour ces écoles, souffrir signifie que nos perceptions et nos interprétations de la réalité sont fausses. Pour illustrer ces explications, reprenons mon exemple : « Si un employé n'était pas à son poste au moment où je l'appelais au téléphone pour obtenir une information, j'imaginais tout de suite qu'il se promenait. Je ressentais sa "désertion" momentanée comme une atteinte à mon intégrité professionnelle et je l'accueillais de retour à son poste avec une colère disproportionnée. » Le but des TCC est de modifier cette interprétation erronée spontanée et de lui substituer une explication simple – l'employé s'est absenté, je vais demander à son collègue s'il sait où il se trouve et qu'il me rappelle dès son retour – pour réaliser un réapprentissage de la pensée.

Je croyais que cette nouvelle approche viserait uniquement à travailler sur mes peurs afin d'en juguler les effets dévastateurs et de les éliminer. S'il est possible dans certaines phobies (peur du feu, de l'eau, de l'avion, de parler en public, du vide, etc.) de ne traiter que le symptôme pour le voir disparaître définitivement, dans les cas les plus lourds comme l'agoraphobie, il faut aussi parvenir à mettre en lumière les points d'insécurité de l'enfance pour avoir une chance de se débarrasser de ses angoisses.

Au cours de la première séance, cette jeune femme, très douce et qui m'a été d'une grande aide, m'expliqua la technique qu'elle allait utiliser et me demanda avec beaucoup de tact de lui raconter les souvenirs marquants de mon enfance. Ma première réaction fut de me cabrer et de lui préciser, avec brusquerie, que j'avais eu une enfance heureuse, auprès d'une mère aimante et douce, et qu'il n'était pas question de discuter de cela, je n'étais pas venue pour ça. C'était l'image que je voulais garder de mon histoire personnelle ; mais s'il est tout à fait exact que ma mère fut douce et aimante, mon enfance est loin d'avoir été « un long fleuve tranquille ».

Je décidai malgré tout de me soumettre aux exercices qu'elle me proposait. Après tout, cela fonctionnait pour d'autres, alors pourquoi pas pour moi ? La séance comportait deux aspects :

– un dialogue permettant une analyse des mots et des images qui émergeaient, et une prise de conscience de ma problématique ;

– une relaxation dynamique avec des exercices de visualisation destinés à renforcer positivement mon mental et à atténuer mes angoisses pour vivre avec.

Je devais m'imaginer dans les situations qui me conduisaient généralement à des crises de panique, tout en respirant et en me décontractant, jusqu'à ce que l'angoisse disparaisse et laisse place à un sentiment de sérénité. Après quelques séances, je me suis sentie délivrée de mes angoisses, comme si l'on avait ôté un énorme poids de ma poitrine. Durant quelques jours, j'ai cru que j'étais guérie. Mais cela n'a pas duré et mes angoisses se sont de nouveau déchaînées. Comme j'avais vécu une semaine ou deux « sur un nuage », j'aspirais à retrouver cet état de paix par tous les moyens possibles. Avec beaucoup de délicatesse, la sophrologue m'expliqua que les émotions perturbantes de l'enfance pouvaient provoquer des blocages qui restaient imprimés dans l'inconscient et dans le corps, et que des séances plus approfondies de sophrologie me permettraient sans doute d'aller mieux.

Ces exercices de visualisation et de respiration, destinés à révéler les tensions de mon enfance et les blocages engendrés afin de les dépasser, étaient plutôt agréables. Malheureusement, je n'avais pratiquement aucun souvenir de mon enfance ni du début de mon adolescence ; le peu que j'en avais était surtout constitué d'anecdotes que l'on m'avait rapportées ou de photos conservées par mes parents. J'envie celles et ceux qui peuvent dire : « L'année de mes quatre ans, mon grand-père m'a acheté une bicyclette », ou : « Ma grand-mère m'a peint une commode », ou encore : « Mon chat a eu une portée de dix petits chatons blancs », etc.

Tout au long de l'année 1990, nous avons travaillé avec cette sophrologue sur ma peur d'être abandonnée par ma mère et sur les rapports houleux que j'entretenais avec mon père.

La séparation : la tuberculose de ma mère

Un fait douloureux finit par ressurgir. Un peu après mes sept ans, mes frères et moi fûmes séparés de notre mère pendant plusieurs mois car on lui diagnostiqua une tuberculose si avancée qu'aucune chimie n'en serait venue à bout. Elle l'avait contractée auprès de ma grand-mère maternelle qui en était morte l'année précédente. Ma mère subit une des toutes premières lobectomies pratiquées en France, ce qui obligea mon père à nous répartir dans la famille et chez des amis proches. Ces personnes n'avaient pas de contact entre elles et je n'ai pas vu mes frères durant de longs mois. À cette époque, on ne parlait guère aux enfants. Pendant un certain temps, je n'ai pas su si ma mère était morte ou vivante. De plus, mon père nous avait laissé entendre que si ma mère mourait, nous resterions avec ceux qui s'occupaient provisoirement de nous car lui ne se sentait pas capable de nous élever seul. Cette séparation a été l'une des causes principales du sentiment d'insécurité qui m'a perturbée tout au long de ma vie. La peur de voir ma mère mourir et de me retrouver seule face au monde a généré en moi une très forte angoisse, qui n'a jamais pu s'exprimer et est demeurée latente.

De cette période de ma vie et de tout ce qui précéda, je n'ai quasiment plus aucun souvenir : tout est verrouillé, ma mémoire s'est complètement fermée aux bonnes comme aux mauvaises choses. Les émotions et leurs pendants mémorisés que l'on appelle « mémoires émotionnelles » ou « mémoires bloquantes » s'enregistrent toujours et de façon permanente dans l'inconscient et, même si nous n'en avons plus le souvenir conscient et accessible, ces mémoires existent en nous. Comme le considérait Freud, et de nombreux thérapeutes après lui, les traumatismes d'enfance sont à la base de comportements incontrôlables qui peuvent générer des compensations comportementales pouvant aller jusqu'à la maladie. Il disait : « Les enfants sont des cires vierges sur lesquelles tout s'inscrit. » Tous les vécus des enfants s'inscrivent en eux, certains sont présents à la conscience, d'autres sont à demi conscients et à demi inconscients et d'autres encore demeurent totalement inconscients mais sont « agissants » et « entravants ».

Pourtant, j'ai eu de la chance dans mon malheur. Mes parents me confièrent au frère aîné de mon père et à sa femme, qui avaient trois garçons et rêvaient d'avoir une fille. L'oncle Marcel et la tante Suzanne étaient plutôt gentils, mais ils avaient une vie mondaine très active et je ne les voyais pas beaucoup. Pour s'occuper du dernier de mes cousins, qui avait une douzaine d'années, et de moi-même, ils avaient engagé une très gentille gouvernante, Jacqueline, qui n'avait jamais eu d'enfant et qui me prit sous son aile avec beaucoup d'amour. C'est elle qui m'a rapporté les souvenirs de cette période car je n'en ai gardé aucun. Elle m'a raconté que j'étais une enfant triste et rétive, que ma souffrance était si palpable que personne ne savait comment s'y prendre avec moi, sauf elle. J'étais comme un oursin, renfermée et pleine de piquants.

J'étais le souffre-douleur de mon cher cousin. Quand il faisait une bêtise, et cela arrivait souvent, il s'ingéniait à me faire accuser. Le week-end, nous allions à la campagne à trente kilomètres de Paris. Mon oncle y avait acheté une grande maison qui avait été autrefois un presbytère. Mon cousin prenait un malin plaisir à me raconter, de préférence le soir, que l'on avait retrouvé au grenier les squelettes de prêtres assassinés durant la Révolution. Certains jours, il m'entraînait jusqu'à l'entrée des souterrains, qui partaient de la cave à vin et menaient dans les coins les plus obscurs du voisinage, et me laissait en plan. Il m'obligeait à grimper dans les tilleuls qui bordaient la pièce d'eau et à passer le « trou de la mort », un espace laissé entre les branches de deux arbres qui me paraissait terrifiant. La nuit, il s'amusait à cracher sur l'ampoule de la lampe restée allumée à côté de mon lit, lorsqu'elle était bien chaude, afin de la faire exploser pour que je me retrouve dans le noir. Très souvent, les rêves que j'ai faits durant mes thérapies, et que je fais encore, ont pour cadre cette vaste demeure, qui fut pour moi une source de terreurs.

La semaine, je menais une vie très tranquille entre l'école où j'avais été inscrite au deuxième trimestre et l'appartement où habitaient mon oncle et ma tante. Lorsque je rentrais de l'école, je m'asseyais dans la cuisine pour manger mes tartines à la confiture et boire mon verre de lait. Je regardais avec envie les enfants jouer dans la cour de l'école de garçons que surplombait l'appartement. Ils étaient joyeux et couraient dans tous les sens. Moi j'étais triste, j'aurais tant voulu être à leur place. Le soir, Jacqueline coiffait patiemment mes longs cheveux pour me détendre et récitait avec moi la prière à la Sainte Vierge qui devait protéger ma mère. Ainsi apaisée, je pouvais aller dormir sans trop d'angoisse ni de cauchemars.

De la tuberculose de ma mère et de la séparation qu'elle avait engendrée, j'avais conservé une peur panique de la voir mourir et d'être abandonnée. Jusqu'à sa mort, je me suis efforcée de la protéger comme si c'était elle l'enfant fragile. En général, les rôles s'inversent lorsque les parents commencent à vieillir, mais moi j'ai pris cette tâche à cœur bien trop tôt. Au cours de mon séjour chez mon oncle et ma tante, je me suis interdit d'être heureuse car m'amuser et prendre du plaisir aurait été pour moi comme une trahison vis-à-vis de ma mère. En décrivant cette période de ma vie, j'ai réalisé que l'enfant que j'étais avait dû ressentir une part de responsabilité dans cette séparation. Comme si je n'avais pas été suffisamment attentive pour éviter à ma mère de tomber malade, d'où cette interdiction d'être heureuse.

À un stade infantile, jusqu'à sept ou huit ans, la frontière est floue entre imaginaire et réalité. J'ai toujours eu les plus grandes difficultés à me débarrasser de ce frein et n'ai pas saisi le bonheur quand il s'est présenté à moi.

J'ai découvert par la suite que ma mère avait déjà failli mourir d'une embolie pulmonaire à la naissance de mon frère Patrick. Je n'avais qu'un an à ce moment-là, mais la peur que j'ai ressentie alors, et que j'ai fait ressurgir au cours d'une séance de sophrologie, puis celle qui a résulté de son opération, se sont sans doute conjuguées pour engendrer chez moi un besoin maladif de protection à son égard. Je ne voulais pas que ma mère meure et m'abandonne une fois de plus. On racontait volontiers dans la famille l'anecdote suivante, pour illustrer ma violence précoce : ma mère avait voulu accoucher de mon frère cadet à la maison et son traitement se faisait à domicile. Quand l'infirmière venait lui faire sa piqûre journalière pour éviter que les caillots n'atteignent le cœur, je répétais inlassablement du haut de mes un an : « Pique maman, pique maman. ». Mes parents n'ont jamais pu concevoir que c'était la terreur de voir ma mère en danger qui me faisait supplier cette femme de la sauver, et non une sorte de perversité bien improbable à cet âge. Je n'ai jamais protesté en entendant cette histoire, jusqu'au jour où ma colère a explosé contre mon père qui la racontait pour la centième fois. Je lui ai expliqué ce qu'avait été la réalité selon moi et il en a convenu, tout contrit.

Durant la séparation qu'avait entrainée la maladie de ma mère, j'ai développé un rhumatisme articulaire dans l'épaule droite qui me paralysait de l'oreille aux doigts. Les crises survenaient souvent les jours de couture à l'école. La sœur responsable de cette activité, pensant que je jouais la comédie pour échapper à la corvée, me faisait porter ses paquets à travers toute l'école pour me punir de mon effronterie. Curieusement, ce rhumatisme a disparu dès mon retour à la maison ! Dans la médecine énergétique chinoise, que j'ai étudiée avec la réflexologie, les douleurs d'épaule signifient que nous ressentons des freins à nos désirs d'action non par incapacité mais à cause d'oppositions extérieures. Le côté droit est celui de la féminité, de la mère.

Mon séjour chez mon oncle et ma tante s'est terminé par une belle crise d'appendicite et je suis rentrée chez moi très affaiblie, mais tellement heureuse. Cette première somatisation n'a pas été trop grave car l'éclatement de la famille n'a duré que six mois environ.

Cependant, à partir de cette période, cette forte angoisse d'abandon, déjà ressentie à l'âge d'un an, s'est en quelque sorte enkystée. Ce sentiment est sans doute la plus précoce des angoisses de la petite enfance et l'une des plus profondes racines de mon insécurité d'adulte. Dans ma vie affective, j'ai toujours eu peur de m'attacher et d'être abandonnée ou bien je ne me suis intéressée qu'à des êtres dont la personnalité rendait la vie à deux difficilement concevable. Rendre impossible le lien d'attachement protège de toute déception, de l'angoisse de la séparation et de l'effondrement dépressif résultant d'une rupture annoncée.

Ma mère était belle et tendre, je l'aimais de tout mon cœur, de toutes mes forces, et je voulais la garder en vie par tous les moyens. J'ai l'impression que je n'ai jamais véritablement connu l'insouciance. Toute ma vie, j'ai été tourmentée, même dans mes joies et mes jeux d'enfant, par cette obsession. Je ne voulais pas qu'elle meure. Dès l'âge de quatorze ans, lorsque nous avons déménagé pour un appartement et que ma mère s'est mise à travailler à plein temps, j'ai pris en charge une bonne partie des activités ménagères d'une famille de cinq personnes afin de lui éviter des fatigues inutiles. Cela me paraissait normal. Je suis ainsi devenue la championne du repassage des chemises d'homme et la reine de l'aspirateur, mais j'ai oublié de vivre mon adolescence. J'ai attrapé alors ce que je nomme le « syndrome du billet de cent francs » : ma mère me laissait cette somme pour faire les courses de fruits et légumes et de viande de la semaine et je devais absolument m'acquitter (comme toujours dans mon inconscient « sous peine de mort ») de cette tâche sans dépasser ce montant. Chaque semaine, je voyais le samedi matin revenir avec angoisse et cet exploit à renouveler avec toujours plus de difficultés. Ma mère ne m'avait pas demandé de m'occuper de l'intendance de la famille, mais elle m'a laissée faire.

Un père autoritaire

Mon père, pupille de la Nation, élevé en pension depuis la naissance jusqu'à l'âge adulte, n'avait jamais connu la tendresse d'une mère. Ce manque précoce de sécurité affective et l'absence de tout modèle parental expliquent sans doute le fait que, devenu adulte, il ait eu les plus grandes difficultés à transmettre un lien sécurisant à ses propres enfants. Il nous aimait, mais cette mise à l'écart affective ne l'avait pas préparé à manifester de la tendresse ni à ses enfants, ni à son entourage.

J'ai appris par la suite que sa propre mère s'était retrouvée orpheline à cinq ans et n'avait guère connu de tendresse en grandissant. Mon père n'était pas quelqu'un de méchant ; il pouvait se montrer formidable pour ceux qui étaient dans des situations difficiles (maladies, deuils) et avaient alors besoin de son aide. En revanche, dans la vie courante, il était très exigeant et plutôt égoïste. Lorsque mon père se mettait en colère et injuriait ma mère, qui avait omis de lui préparer sa salade verte quotidienne ou voulait prendre une décision qui le contrariait, il m'arrivait souvent de m'opposer à lui et de tenter de désamorcer ainsi le conflit. Ma mère ne m'a jamais demandé de la protéger au détriment de mon intégrité. Tout s'est fait insidieusement.

Mes relations avec mon père n'ont pas été simples car j'avais la fâcheuse habitude de lui tenir tête. C'était un homme qui avait tendance à tyranniser plus faible que lui. Il était complètement sous la coupe de son frère aîné, son seul modèle masculin, et ne pouvait pas faire ce qui lui plaisait. Il reportait inconsciemment ses frustrations sur nous. Cependant, la violence verbale de mon père était terrifiante pour les enfants que nous étions. Nous en avions tous une peur bleue, comme ma mère d'ailleurs. Nous subissions ses colères interminables, incompréhensibles, inextinguibles et irrationnelles. Il ne nous battait pas, mais nous soumettait à des vociférations et des injures qui nous pétrifiaient.

Nous recevions de temps en temps des fessées, tant de ma mère que de mon père, mais c'était alors un mode normal de punition pour les enfants. Le martinet, que mes parents avaient acheté pour nous faire peur, est resté accroché derrière la porte de la cave jusqu'à ce que nous lui coupions les lanières. Il n'a jamais été remplacé.

Ces traits de caractère de mon père m'ont donné une première image vraiment négative de l'homme.

Après la sophrologie, j'ai fait deux expériences d'hypnose ericksonienne, mais elles n'ont pas été du tout concluantes. Dans l'hypnose classique, l'hypnotiste donne des suggestions directes au patient pour supprimer son symptôme, ou changer son comportement. Dans l'hypnose ericksonienne, le principe de base consiste à établir une communication avec l'inconscient du patient et à introduire ensuite des changements dans le fonctionnement même de l'inconscient. Il s'agit d'un processus interactif où le thérapeute réagit en fonction des réponses données par l'inconscient du patient. Pour Erickson, la thérapie résulte d'une re-synthèse intérieure du comportement du patient effectué par le patient lui-même. Ce qui est essentiel pour une guérison véritable est une ré-association et une réorganisation des idées, des compréhensions et des souvenirs. En d'autres termes, l'hypnothérapie est, pour le patient, un processus d'apprentissage, une procédure de rééducation. Les résultats valables en hypnothérapie ne proviennent que des actions du patient. Le thérapeute ne fait que guider et encourager le patient à l'action. Je n'ai jamais pu établir ce fameux dialogue avec mon inconscient.

Mes blocages étaient-ils trop forts ou les thérapeutes médiocres ? Je ne le saurai pas.

OSTÉOPATHIE CRÂNIENNE

Les portes de la mémoire

Début 1991, ma sophrologue déménagea dans le XIIIe arrondissement, lieu qui était pour moi aussi inaccessible que la lune. Comme je lui précisai d'un ton sec (je me sentais encore abandonnée) que mon travail ne me laisserait pas le temps de venir chaque semaine jusqu'à son nouveau cabinet, elle me suggéra de consulter un de ses collègues, ostéopathe crânien. Encore une discipline qui m'était inconnue, mais qui me rassurait car il n'y avait pas de préfixe « psy » et le cabinet de ce thérapeute était peu éloigné de mon bureau. J'ai appris par la suite qu'il avait aussi suivi une formation de sophrologue, d'où ce nouvel aiguillage. Pendant qu'il me massait le crâne, nous parlions de mes angoisses et de mes difficultés à me déplacer seule en voiture. Un jour, il m'expliqua que ma phobie de l'éloignement pouvait avoir une tout autre cause qu'un événement lié à mon déplacement à Londres ou à l'accident de voiture de mon frère aîné (je trouvais pratique de pouvoir mettre sur le compte de la mort de Tanguy ma peur de me déplacer seule en voiture). Ce nouvel éclairage finit par faire son chemin et me conduisit à me demander si, derrière mes difficultés à avoir une vie affective normale, il n'y avait pas quelque autre fait bien caché.

• Le viol

En mai 1991, à la suite d'une séance, il m'est apparu qu'un événement primordial de mon enfance avait sans doute conditionné le reste de ma vie. Les portes de la mémoire se sont ouvertes sur un film grandiose mais noir. Durant mon enfance, nous habitions dans une jolie petite maison en pierres meulières entourée d'un jardin où poussaient quelques arbres fruitiers. Nos voisins de droite étaient un couple avec trois enfants. Mes parents les aimaient beaucoup et ils se voyaient souvent pour dîner ou jouer aux cartes le week-end. Elle était une jeune femme française qui travaillait comme secrétaire pour les forces alliées encore stationnées en France, et lui un officier de l'armée américaine.

Cet homme était très affectueux avec tous les enfants du quartier, et, au cours d'une réunion amicale avec mes parents et quelques voisins, c'est tout naturellement que je me retrouvai assise sur ses genoux. Sans que personne ne le remarque, il a passé la main sous ma robe de petite fille et m'a enfoncé un doigt dans le vagin. La douleur fut terrible et l'incompréhension totale. Je me figeai, sans oser faire un geste. Je ne sais plus comment j'ai réussi à sortir de cette situation et à rentrer ; mais ce qui est certain, c'est que les sentiments de honte et de culpabilité furent tels que je n'ai jamais pu parler à quiconque de cette agression. Peu de temps après, je me suis mise à avoir des tics nerveux, je tordais mon nez de gauche à droite à la moindre émotion, et mon visage s'est couvert d'impétigo. La lotion violette que l'on appliquait sur mes croûtes me défigurait encore davantage. Je me sentais aussi laide à l'intérieur qu'à l'extérieur. J'ai commencé à me ronger les ongles et à faire de terribles cauchemars. Mes parents, inquiets, finirent par me conduire chez notre médecin de famille, qui n'a évidemment rien compris à ces problèmes. La violence qui m'habitait déjà depuis ma petite enfance s'est accrue sans raison apparente pour les adultes qui m'entouraient.

Je n'avais pas totalement occulté ce viol, mais je n'aimais pas y penser. Selon la classification de Freud, ce souvenir était semi-conscient. Il faisait rejaillir en moi une telle honte et un tel sentiment de culpabilité que je l'avais relégué dans un coin obscur de ma mémoire. Trente-cinq ans plus tard, tout à coup, une intuition fulgurante m'a traversée et j'ai pu prendre conscience de la totalité des implications de cette agression sur ma vie affective. J'ai enfin accepté de m'en souvenir en détail et je l'ai racontée par écrit à mon ostéopathe. C'était au-dessus de mes forces de lui expliquer de vive voix ce qui m'était arrivé car c'était un homme. Je lui ai envoyé mon récit et je n'ai jamais pu revenir chez lui.

Dans ma confession, avant de relater l'agression sexuelle elle-même, j'ai décrit le cheminement des pensées qui m'avaient conduite à l'illumination : c'est au cours d'une conversation anodine avec ma belle-sœur que les conséquences de cette agression me sont apparues avec la plus grande clarté. Quand on a tout fait pour nier la vérité, lorsqu'on se résout enfin à la regarder en face, elle peut paraître irréelle. À cet instant, j'ai saisi intuitivement l'ampleur des conséquences de cette violence, comme si un projecteur avait éclairé ma vie entière d'une lumière vive : toute mon adolescence, j'avais entendu ma mère me répéter avec force et conviction qu'il fallait qu'une jeune fille arrive vierge au mariage, qu'une jeune fille souillée ne trouvait jamais de mari et qu'en plus elle risquait de tomber enceinte, ce qui constituait la honte suprême et entraînait la mise au ban de la société.

• Amours malheureuses

Toutefois, ma vie sentimentale n'a pas toujours été un désert total. Elle a d'ailleurs commencé très tôt, à l'âge de douze ans, avec un garçon de ma classe, Jean. Nous étions l'un et l'autre très amoureux et nous avons vécu une histoire magique. En cours, nous faisions en sorte d'être le plus souvent à côté. Nous nous tenions la main sous la table pendant l'étude tout en faisant nos devoirs. Le soir, si nous avions un peu de temps libre, au lieu de prendre l'autobus, nous rentrions à pied du lycée par les bords de la Marne, étroitement enlacés. Le jeudi, nous nous retrouvions au cinéma et nous nous embrassions passionnément, ou bien il venait jouer chez nous avec mon frère, qui n'avait qu'un an de moins que moi et nous servait d'excuse. Nous échangions nos quarante-cinq tours d'Elvis Presley et nous parlions des heures au téléphone à l'insu de nos parents.

J'ai véritablement aimé ce garçon mais avec une violence qui était peu courante pour mon âge, souhaitant toujours des preuves d'amour et le punissant s'il ne me les donnait pas sur-le-champ. Cette passion dura jusqu'à la fin de la troisième. Au cours de l'été qui suivit, ma famille fut expulsée de la maison dans laquelle nous habitions depuis plus de dix ans. Ma mère souhaitait se rapprocher de Paris car elle avait commencé à travailler l'année précédente dans un magasin près de la gare Saint-Lazare, ce qui propulsa la famille en banlieue ouest. Après quelques échanges de lettres passionnées, où nous jurions de nous aimer envers et contre tout, nous nous sommes peu à peu éloignés et perdus de vue.

J'ai pris conscience en écrivant ces lignes que ce déménagement n'a pas simplement mis fin à mes amours adolescentes : il a été pour moi un véritable tremblement de terre, un changement brutal de mon mode de vie. En effet, je suis passée d'une banlieue familiale où nous connaissions tous les voisins et tous les commerçants, où nous avions la possibilité de jouer librement avec les enfants de notre rue, à un environnement plus impersonnel. Je me suis retrouvée dans un lycée du XVIe arrondissement peuplé uniquement de filles, alors que le précédent était mixte, et dans un appartement un peu exigu pour cinq personnes. Ma mère était moins disponible et le cocon dans lequel j'avais grandi a tout à coup volé en éclats.

À la faculté, j'ai eu des coups de cœur pour des garçons qui étaient aussi amoureux de moi. Pourquoi aucune de ces histoires n'a débouché sur quelque chose de sérieux comme pour la plupart de mes amies de cours ? Je ne l'ai pas su pendant de nombreuses années. J'étais frustrée, mais je continuais à rêver de me marier et d'avoir des enfants. J'aimais embrasser mes amoureux et sentir le contact de leur peau sur la mienne, mais une chose était sûre, je ne voulais pas faire l'amour avant d'avoir la bague au doigt. Entre les principes de ma mère et ceux de l'Église, j'avais bien trop peur que le ciel ne me tombe sur la tête si je commettais un tel péché, et de me retrouver avec des stigmates honteux au milieu du front. Mai 68 et la libération sexuelle n'ont pas eu de prise sur moi.

À la même époque, de nombreuses mères ont dû répéter la même chose à leurs filles sans qu'elles aient été terrorisées comme je l'ai été par les rapports physiques, et sans que le nombre de mariages décline ostensiblement ou que la terre se dépeuple. Si j'étais attirée par les baisers et les caresses, j'étais terrorisée par l'idée de la pénétration. C'était comme si une barrière infranchissable m'avait toujours empêchée de me laisser aller naturellement avec un homme en oubliant les conseils de ma mère et mes résolutions de jeune fille. Alors j'ai supposé qu'il devait y avoir un obstacle majeur dans ma vie, et c'est ainsi que l'ampleur des conséquences de ce viol m'a sauté au visage. Je suis rentrée à la faculté de la rue d'Assas à dix-huit ans, j'en suis ressortie à vingt-trois ans et j'étais censée ne plus être une oie blanche. Mes plus proches amies avaient toutes « sauté le pas ». Moi, impossible.

En août 1969, lors de vacances dans le sud du Portugal, je fis la connaissance d'un jeune architecte, que m'avaient présenté les amis chez qui je séjournais. Il était drôle, attentionné, intéressant et original. À l'aéroport de Lisbonne, je ratai ma correspondance et dus attendre deux jours avant de trouver une place dans un nouvel avion. Il me fit visiter la ville et ses environs comme un chevalier servant prenant soin de sa belle. Nous dormions dans les bras l'un de l'autre, et il respecta mes exigences. De retour chez moi, nous nous téléphonâmes très souvent et il réussit à combiner un voyage professionnel à Bruxelles avec un séjour dans notre capitale. Comme j'habitais encore avec mes parents, je demandai à une amie de nous recevoir à dîner. Tout se passa bien jusqu'au moment où celle-ci m'avoua en aparté qu'elle le trouvait trop laid pour moi et que je devais rompre.

Influencée par cette « amie » et par mes peurs encore inconscientes, je n'ai plus, par la suite, répondu à ses appels ni à ses lettres. Je me disais aussi que je ne pourrais rien construire avec lui car ma mère avait trop besoin de moi. En outre il devait partir en Angola pour effectuer son service militaire qui durait alors près de trois ans. Toutes ces excuses me permirent de tourner la page sans trop de souffrance. Cet homme est mon seul véritable regret.

J'ai ensuite rencontré des hommes dont j'ai été amoureuse et qui m'ont aimée ou malmenée. Certains tenaient beaucoup à moi, mais je leur trouvais toujours un défaut qui me poussait à fuir.

Tout était faussé dès le début ; je recherchais un homme pour me protéger et prendre soin de moi car j'avais l'impression que c'était le seul moyen de ne plus ressentir mes peurs, et eux voyaient en moi une personne solide et rassurante. Ma réussite professionnelle leur semblait un gage de stabilité et de force. Aussi ne rencontrais-je la plupart du temps que des hommes encore plus mal dans leur peau que je ne l'étais et qui recherchaient, eux aussi, une certaine forme de sécurité. C'était un vrai marché de dupes. Dès que je rencontrais un homme « bien », avec lequel j'aurais pu bâtir quelque chose, je devenais complètement idiote. Peu après la mort de mon frère Tanguy, son meilleur ami nous invita, mes parents, mon frère cadet et moi, à passer le week-end dans leur maison à Reims. Très gentiment, il avait également invité un cousin de sa femme, célibataire et bien sous tous rapports. À chaque repas, il était placé à côté de moi mais, malgré tous ses efforts, impossible d'obtenir de moi le moindre mot. Mes parents et mes amis étaient consternés et moi tout à fait mortifiée.

Les travaux de Jung démontrent que notre vision du monde et des êtres qui le peuplent nous fait rencontrer les individus et vivre les situations au niveau inconsciemment « recherché ». En cela, nos pensées nourrissent et créent un système de référence autojustifié et autojustifiant.

Pourtant, mon désir le plus cher, contrairement à Paloma dans *L'Élégance du hérisson* de Muriel Barbery, était de « vivre un jour dans le bocal », mais je n'avais pas la capacité d'y entrer. Je rêvais d'un beau mariage avec un homme aimant, d'enfants et d'un joli appartement où je pourrais exercer mes talents de maîtresse de maison et de mère de famille. Rien de tout cela ne m'a été accordé ; j'en ai énormément souffert, et j'en souffre encore de temps en temps.

L'année de mes vingt-six ans, dans un ultime sursaut pour me rapprocher de la « normalité », je décidai de me débarrasser de ma virginité, croyant que cela m'aiderait dans mes rapports avec les hommes. Ma décision était prise : à la prochaine soirée à laquelle je me rendrais, je choisirais un homme plutôt séduisant et je coucherais avec lui. Je ne le reverrais sans doute jamais, mais peu importe, je serais débarrassée de cette calamité. C'est exactement ce qui se passa et je ne crois pas avoir jamais su le nom de mon partenaire.

En réfléchissant ensuite à mon premier malaise, survenu à Londres, j'ai pris conscience que le rendez-vous donné avec cet ami m'aurait obligée à « passer à la casserole », comme nous le disions très élégamment à cette époque, et que ce malaise était la seule issue que mon inconscient avait trouvée pour s'en sortir. La perspective de la pénétration a joué comme un détonateur. Par la suite, mon inconscient a associé séjour à l'étranger et malaise. Voilà pourquoi mes premiers malaises importants ont eu lieu lors de séjours prolongés loin de chez moi.

Que faire pour dépasser cette situation et tenter de vivre normalement, maintenant que j'avais réalisé d'où me venait cette peur des hommes ? J'avais un besoin irrépressible de parler de mon viol avec des proches à qui je pouvais me confier sans trop de honte. J'aurais tant aimé le raconter à ma mère, qui m'aurait prise dans ses bras et aurait su me bercer pour apaiser ma peine. J'en parlais d'abord à ma belle-sœur, qui fut atterrée par mon récit, puis à mes meilleures amies et enfin à une cousine qui avait bien connu ce couple franco-américain et qui m'avoua qu'elle avait failli quitter mari et enfants pour suivre cet homme en Amérique. Je finis par en parler à mon père, à qui je demandais si lui ou ma mère s'étaient aperçus de quelque chose. Il me répondit que non et passa très vite à un autre sujet comme si cette révélation ne méritait pas de commentaire. J'ai su par la suite qu'il n'avait absolument pas cru à mon histoire (qui devait passablement le déranger). Ce n'est que deux ans avant sa mort, en 2003, que je lui fis lire la photocopie du document que j'avais écrit à l'ostéopathe et qu'il réalisa enfin, avec consternation, la véracité de ces faits et à quel point ce viol avait pu dévaster ma vie affective. On dit qu'un enfant est « abusé sexuellement » ; ces deux mots accolés indiquent exactement le mal que peut entraîner un tel acte : d'une part, l'enfant ne peut plus accorder sa confiance à l'adulte ; d'autre part, sa vie intime est saccagée.

En mai 1993 (j'avais alors quarante-six ans), la responsable d'une de nos boutiques franchisées

Jacadi, qui semblait habituellement porter la misère du monde sur ses épaules, m'apparut rayonnante et pleine d'entrain. Je lui demandai quel était son secret et elle me raconta que, durant son adolescence, elle avait trouvé son père pendu, me laissant imaginer les conséquences psychologiques de cette macabre découverte. Mais elle avait recouvré sérénité et joie de vivre depuis qu'elle suivait des séances avec une « psy ». Je pris les coordonnées de cette faiseuse de miracle, en précisant bien que ces informations étaient destinées à une amie et non à moi, et je m'empressai d'oublier cette histoire.

Psychanalyse

Electrochoc

En juin 1993, pour une raison que j'ignore, sans doute la lassitude de m'avoir toujours sur leur dos, j'ai eu le sentiment que ma belle-sœur avait critiqué mon attitude « pot de colle » devant ses enfants, ce qui modifia leur attitude à mon égard. Au cours de la fête de fin d'année de l'école où était scolarisée ma nièce, je la vis venir vers moi, déguisée et maquillée comme une princesse pour le spectacle, et, en me reconnaissant, tourner les talons et s'enfuir comme si elle avait vu le diable. L'attitude des jumeaux fut moins farouche, mais je perçus qu'une certaine froideur s'était installée entre nous. En revanche, ma relation avec les deux aînés, accaparés par leurs études et leurs amours, ne changea pas. En ce début d'été, je me sentis déchirée dans mon corps, comme morte à l'intérieur. Tout mon univers s'écroulait encore une fois. Ma famille, qui avait toujours été un refuge, un rempart contre mes souffrances, me rejetait. Cela raviva mon sentiment d'abandon. Pourtant, je ne remercierai jamais assez ma belle-sœur pour cette distance qu'elle avait désiré mettre entre nous : cela a été un véritable électrochoc pour moi et m'a permis de faire le premier pas hors du cocon où je m'étais enfermée.

J'essayai d'en parler avec mon père, mais celui-ci, absorbé par de nouvelles amours après le décès de ma belle-mère, ne voulut rien entendre et me laissa avec ma blessure. La douleur était si profonde et intolérable que quelques jours après la fête de l'école, en sortant de mon bureau à l'heure du déjeuner, je traversai à vélo une rue très encombrée sans regarder ni à droite ni à gauche, dans l'espoir qu'une automobile miséricordieuse mettrait fin au supplice que je vivais. Le sort en décida autrement car aucune voiture ne croisa ma route à ce moment.

Monica, cette femme merveilleuse avec laquelle Jacadi travaillait depuis dix ans, et qui essayait vainement de m'apprivoiser depuis, ressentit mon désespoir et me proposa de partir quelques jours avec elle dans sa maison en Corse. Ces vacances hors du giron familial me permirent de voir que le monde extérieur existait et qu'il ne recelait pas que des dangers. Bien au contraire, je réalisai que des amitiés véritables pouvaient exister hors de mon contexte habituel et surtout familial.

C'est au cours de cet été que prend place mon rêve de chiens enragés. Premier d'un long dialogue avec mon inconscient, ce rêve a été le déclic qui m'a permis de cesser de fuir mes angoisses et de les affronter ainsi que de comprendre leur cause. Depuis les temps les plus reculés, les rêves ont servi à nous mettre en garde, à nous éclairer sur nos maladies, à nous aider à résoudre nos problèmes. Quand nous plongeons dans le sommeil, nous franchissons le seuil entre le monde réel et le monde de l'inconscient. Nous n'hésitons pas à aller là où nous refusons d'aller à l'état de veille. Il existe des thèmes et des symboles universels qui apparaissent dans les songes et qui permettent de mieux comprendre les messages personnels qu'ils véhiculent et les portes qu'il faut ouvrir.

À la rentrée, je décidai de consulter cette fameuse « psy » dont on m'avait donné l'adresse, qui s'avéra être une psychanalyste. Je ne connaissais pas la différence entre un psychanalyste, un psychothérapeute, un psychiatre ou un psychologue ; aussi y allais-je sans savoir exactement ce qui m'attendait. J'ai pu envisager de suivre cette thérapie car son cabinet ne se trouvait qu'à deux kilomètres de mon bureau et qu'elle pouvait me recevoir à l'heure du déjeuner, ce qui ne perturbait pas mon emploi du temps et me permettait de me déplacer en rusant avec mes angoisses. À cette époque, la plupart de mes décisions étaient prises en fonction de ces « fameux kilomètres » qui existaient entre mon domicile (ou mon bureau) et ma destination pour faire des courses ou rencontrer des amis. Je n'avais donc pas d'excuse.

Lors de notre première rencontre, dans un petit bureau qu'elle occupait au sous-sol de sa maison, Villa Montmorency, je lui résumai les différents traumatismes que j'avais subis au cours de ma vie avec aussi peu d'émotion que si je racontais le récit d'une pauvre fille, comme un grand expert de la chose psy en la regardant droit dans les yeux pour voir ses réactions.

Je lui expliquai froidement qu'« à l'âge d'un an j'avais failli perdre ma mère après la naissance de mon frère, qu'à l'âge de sept ans j'avais été séparée de ma mère et de mes frères durant plus de six mois, qu'à l'âge de onze ans j'avais été violée par un voisin, qu'à l'âge de vingt-deux ans j'avais perdu mon frère aîné dans un accident de voiture, qu'à l'âge de trente-trois ans ma mère s'était noyée sous mes yeux, qu'à l'âge de trente-huit ans mon appartement était parti en fumée en raison d'une fuite de gaz et que j'étais toujours là. Peu banal, n'est-ce pas ? ».

Sans ciller et avec un calme olympien, elle me donna ses tarifs et me précisa qu'il nous faudrait nous voir deux fois par semaine. Fin du premier entretien.

L'analyse des rêves

Pendant trois ans, je me suis rendue deux fois par semaine chez cette psychanalyste. Les séances avaient lieu dans une petite pièce jouxtant son bureau, et dont le soupirail donnait sur un jardin. Je me retrouvais donc allongée sur un divan face à cette ouverture, les yeux d'abord grands ouverts sur des massifs de fleurs puis fermés afin de mieux me concentrer, tandis que la thérapeute était assise dans un fauteuil, me tournant le dos. Aux cours des cinq premières séances, je suis restée sans dire un seul mot durant une demi-heure, pestant contre ma stupidité et l'argent que je dépensais en pure perte.

La thérapeute disait : « Oui ?… oui ?… à quoi pensez-vous ? », comme pour me faire comprendre qu'il y avait une ouverture au moment précis où je poussais un soupir ou bougeais une jambe, il fallait que j'essaye de traquer la pensée qui m'était passée par la tête ; mais mon esprit se cabrait et rien ne venait. L'absence de réaction de l'analyste était tout à fait remarquable. Il faut un sacré entraînement pour parvenir à un tel niveau de contrôle de soi. Souvent j'ai eu envie de lui crier : « Vous entendez quand je vous parle ? Je ne sais pas ce que je fiche chez vous, vous ne m'apportez rien, que du vide et de la détresse, je vous déteste. »

Mes souvenirs étant toujours presque inexistants, avec cette nouvelle thérapeute, j'ai entrepris l'analyse de mes rêves. J'ai toujours eu un excellent sommeil. En dehors de quelques périodes particulièrement troublées de ma vie, à peine ai-je posé la tête sur l'oreiller et lu trois pages d'un livre, même un roman policier haletant, que je m'endors et éteins ma lumière sans même m'en rendre compte. Cependant, quand je vais faire un rêve important, une angoisse presque mortelle me fait sursauter dès que je perds conscience et m'empêche de m'enfoncer dans le sommeil. Cela se produit plusieurs fois de suite, jusqu'à ce que la fatigue me gagne et que je sombre dans l'inconscient. Ma résistance est parfois telle que le rêve ne survient que le lendemain ou le surlendemain. Alors, pendant plusieurs jours de suite, j'ai ces sursauts au moment de m'endormir, comme si je recevais des décharges électriques qui précipitaient les battements de mon cœur et m'empêchaient de respirer. Tout se passe comme si mon inconscient me sonnait pour me dire : « Attention, je vais te parler car tu ne veux pas voir l'évidence à l'état de veille, tu ne veux pas entendre raison, garde ton cahier à portée de main pour noter ce que je vais te dire. » Comme les parents ou les maîtres, l'inconscient se répète jusqu'à ce qu'il soit entendu.

Il existe différentes sortes de rêves : ceux qui laissent peu de traces car ils se rapportent plutôt à des événements de la journée qui nous ont préoccupés ou réjouis, ou à des problèmes qu'il nous faut résoudre dans notre quotidien. Mais il y a aussi ceux qui sont si vivants et puissants qu'ils coupent pratiquement le souffle et dont nous nous réveillons quasiment en apnée avec le sentiment qu'un puissant secret nous a été révélé, que quelque chose de primordial vient de nous arriver. Ce sont des rêves que l'on ne peut jamais oublier même si on ne les note pas sur l'instant, ils restent imprimés derrière nos yeux à tout jamais. Ces rêves numineux sont les « joyaux les plus somptueux du trésor de l'âme », disait Carl Jung. Ils nous apportent une grande prise de conscience et nous obligent à agir, ils nous expliquent où nous en sommes ; tantôt ils nous rassurent, tantôt ils nous terrifient, tantôt ils nous rendent malades. Il m'est souvent arrivé de rêver que je me mettais dans des rages folles, soit devant une injustice, soit devant l'indifférence totale des êtres peuplant mon rêve face à mes malheurs. Au matin, j'étais vidée de toute énergie et j'avais une magnifique « crise de foie ». La rage qui m'habitait et que je pouvais museler à l'état de veille était si forte qu'elle rejaillissait dans mon sommeil. Les premières portes se sont ouvertes sans que je m'en rende compte.

Puisque je ne pouvais faire parler mes souvenirs avant l'âge de douze ans, je disséquais mes rêves devant ma thérapeute ; j'en faisais à profusion, comme si j'avais soulevé le couvercle d'une marmite bouillonnante. J'ai commencé à faire chaque semaine des rêves très explicites que je notais sur un petit cahier à spirale. J'ai pu ainsi renouer le dialogue avec cet inconscient que j'avais soigneusement bâillonné et retrouver des souvenirs ou voir sous un jour nouveau des faits que l'on m'avait relatés.

En revivant mes rêves sur le divan au soupirail, en précisant le plus possible chacun des éléments qui les composaient, j'ai pris conscience que ma vie n'avait peut-être pas été telle que je m'en souvenais et que certains événements qui pouvaient paraître anecdotiques avaient laissé chez moi une empreinte indélébile.

Les domaines concernés par les rêves sont très nombreux et variés, cependant certains grands thèmes reviennent de façon récurrente suivant la personnalité de l'individu. Sur mon chemin, il y a eu des rêves de maison, de sac à main volé (avec une progression au fur et à mesure que l'analyse suivait son cours), des rêves d'eau, de voitures égarées, de bijoux perdus, de tenues introuvables, de vide incommensurable, etc. Leur interprétation est propre à ma vie et ne peut servir de guide à un autre lecteur[3].

• Les rêves d'enfant en danger

Après avoir travaillé sur le rêve des chiens enragés, j'ai entrepris l'analyse d'un rêve récurrent et

---

3. Brenda Mallon, *La Bible des rêves*, Éditions Guy Trédaniel, 2004.

terriblement angoissant qui perturbait mon sommeil depuis mon adolescence et pouvait prendre diverses formes : tantôt je courais toute la nuit, folle de terreur, emportant dans mes bras un enfant que des soldats de la Gestapo voulaient absolument tuer car il était juif, tantôt c'était un groupe de guerriers appartenant à une tribu d'Afrique noire assoiffé de sang qui tentait de supprimer un enfant blanc et ma course était tout aussi effrayante et douloureuse. Le thème était toujours le même, mais l'âge de l'enfant pouvait varier ainsi que les chemins et les cachettes. Je me sentais en grand danger, mais ce n'était rien en comparaison de la terreur que j'éprouvais pour ces enfants voués à une mort atroce.

Beaucoup plus tard, dans mon rêve, c'était une femme gestapiste qui me poursuivait et je me disais que si je pouvais lui parler, son instinct de mère la rendrait moins intransigeante. J'avais enfin pu parler à cet ennemi (comme à ma thérapeute d'ailleurs !) pour tenter d'épargner la vie d'un innocent.

Cet enfant qu'il fallait sauver à tout prix, c'était moi, bien sûr, toujours dans une si parfaite insécurité que le sentiment de vivre perpétuellement en « danger de mort » m'a accompagnée durant de nombreuses années. Je ne fais plus ce type de rêve aujourd'hui.

Au bout de huit mois de thérapie, un autre rêve terrifiant a surgi de mon inconscient. Dans notre maison de La Varenne, nous avions chacun notre chambre. La mienne était au premier étage, comme celles de mes parents et de mon frère cadet. Elle donnait sur le jardin face à la rue par une fenêtre à deux battants. À côté de celle-ci se dressait une grande armoire à glace où étaient rangés mes vêtements. Elle ne touchait pas le plafond, un espace d'environ cinquante centimètres les séparait.

Le cours du rêve était le suivant : je devais avoir quatre ans et mon frère trois et nous devions absolument nous cacher de deux tueurs armés de couteaux qui avaient pour mission de nous éliminer afin que nous ne révélions pas le secret que nous avions surpris. Après une course-poursuite, horrifiante pour deux jeunes enfants, durant laquelle je traînais mon petit frère par la main à travers les différentes pièces de la maison, je décidai de nous cacher en haut de l'armoire. Réfugiés dans cette cachette improvisée, je tentais de nous camoufler sous de petites couvertures trouvées dans le tiroir du bas de l'armoire. Elles convenaient plus à un landau qu'à un lit et ne nous couvraient pas totalement. La nécessité absolue de nous rendre invisibles nous pétrifiait et nous rendait muets, si bien que lorsque les tueurs firent le tour de la chambre, ils ne nous remarquèrent tout d'abord pas. Quand ils découvrirent notre cachette, ils nous précipitèrent au bas de l'armoire. Affolés, nous nous dégageâmes et reprîmes notre fuite. En me poursuivant, l'un des deux tueurs me cria : « Viens ici que je t'achève ! » ; mais par ruse, je réussis à coincer sa main dans une porte et à lui faire lâcher son couteau. Un groupe de familiers mit alors le second tueur en déroute et nous porta secours. Le soulagement fut immense : j'étais parvenue à m'en sortir presque seule.

Je n'ai pas pu, à ce moment, rattacher ce rêve à un événement de ma vie car l'interdit, venant sans doute d'un adulte ayant autorité sur nous (père, grand-père, oncle ou maître) était trop fort. Mon frère non plus n'en a aucun souvenir, mais sa présence dans mon rêve ne signifie pas forcément qu'il était là aussi. Cependant, si je peux maintenant communiquer avec mon entourage, lui ne le peut toujours pas. La seule conclusion que j'en tirai avec ma thérapeute, c'est que, vers l'âge de quatre ans, j'avais sans doute été témoin d'une scène que l'on m'avait interdit de divulguer, « sous peine de mort » dans mon esprit d'enfant. La peur fut si grande que par la suite, alors que j'aurais dû parler à mon entourage et alerter mes parents sur l'abominable conduite de l'Américain, j'en ai été incapable.

• Les rêves de maison

La maison représente généralement notre personne. Elle symbolise celui qui rêve. Le premier rêve que j'ai fait de cette maison, assiégée par des chiens-loups, m'indiquait que malgré le soin que j'avais apporté à m'enfermer pour me protéger de mes peurs, rien n'était inviolable.

Un de mes premiers rêves de maison a été celui-ci : j'étais en visite chez ma mère qui tenait une petite fille d'environ trois quatre ans dans les bras. Elle voulait l'empêcher de grandir et la faisait dormir recroquevillée dans une valise (ce qui la faisait souffrir) car elle avait perdu un bébé peu de temps avant la naissance de cette enfant (j'ai appris depuis que ma mère avait fait une fausse couche entre mon frère aîné et moi). Je décidais de soustraire cette petite fille à ma mère et me sauvais avec elle. J'arrivais dans ma rue et, au lieu d'y découvrir une maison accueillante où nous réfugier, je n'apercevais qu'un taudis auquel on accédait par un chemin parsemé d'épaves humaines qui allaient entraver notre progression. Le parcours du combattant commençait tout juste.

Un de mes derniers rêves de maison au cours de l'analyse était tout à fait encourageant : je faisais visiter à mon frère et à sa femme la maison que je venais de faire rénover. Ma belle-sœur me faisait remarquer que, dans le bow-window de la salle de séjour, j'avais laissé le papier peint à fleurs des anciens propriétaires sur deux pans de mur alors que tout le reste était magnifiquement repeint en blanc. Je lui répondis que ce n'était pas grave et qu'il suffisait de passer une couche de peinture pour rattraper cet oubli. Il aurait été plus judicieux de décoller le vieux papier avant de repasser du blanc pour avoir un travail parfait, mais j'étais déjà contente que presque tout soit remis à neuf et, après tout, la perfection n'est pas toujours indispensable.

• Les rêves de sacs à main

Mon premier rêve de sac à main volé est encore très présent à ma mémoire. J'en retrouve tous les détails et toutes les sensations rien qu'en fermant les yeux. Je me rendais à une séance de cinéma dans une salle à laquelle on accédait par un escalier très long et qui descendait très profondément. À la fin de la séance, remontant l'escalier, je réalisais à mi-course que je n'avais plus mon sac à main. Je tentais alors de redescendre à contre-courant, mais la marée humaine était telle que je progressais lentement et difficilement. Arrivée enfin à la place que j'occupais, pas de sac : il avait bel et bien été volé. Je me sentis terriblement dépossédée.

Cette « plongée » renvoie évidemment à l'analyse que l'inconscient s'oblige à faire et que symbolisent toutes ces marches. L'escalier que l'on descend représente le besoin de revenir à ses bases, et celui que l'on monte atteste que l'on devient plus conscient. Les rêves de sac volé signalent donc une perte de personnalité, d'identité, de repères. En psychanalyse, le sac à main incarne souvent le vagin, qui représente notre intimité la plus unique, notre individualité, notre richesse.

Ce que je veux expliquer ici, c'est l'évolution des images au cours du temps. Les objets comme le portefeuille, le porte-monnaie ou le sac à main symbolisent l'identité. Dans notre sac, on place notre carte d'identité, notre permis de conduire, nos cartes de crédit, nos objets personnels, nos clés d'appartement et de voiture. Tous ces objets indiquent qui nous sommes et quels sont nos intérêts. Dans les rêves suivants – peu importe ici les circonstances exactes –, je retrouvais mon sac, mais dans mon portefeuille il n'y avait que mes cartes de crédit ; mes papiers d'identité avaient disparu. Dans les derniers, je récupérais tout, j'avais enfin recouvré mon identité complète et repris possession de ma vie : le travail avec la psychanalyste m'avait permis de me réapproprier progressivement ma personnalité.

• Les rêves d'eau

L'eau est la source de vie et l'un des cinq éléments fondamentaux de l'univers. Dans les rêves, elle symbolise la vie émotionnelle. Elle peut être trouble ou limpide, calme ou tellement tumultueuse qu'elle emporte tout sur son passage comme un fleuve en furie. Si l'on rêve de douche ou de bain, cela indique qu'il nous faut peut-être nettoyer quelque chose et prendre un nouveau départ.

Certains de mes rêves illustraient bien cette symbolique : j'étais dans la maison de mon enfance à La Varenne avec mes parents. Mon père nous annonçait que la guerre était déclarée et que nous allions devoir partir. Avant de prendre la route, je ressentais un impérieux besoin de me laver, ne sachant pas quand je pourrais à nouveau effectuer ces gestes de propreté indispensables. Je me dirigeais vers une rangée de salles de bains, mais aucune d'elles n'était libre ; aussi revenais-je à la maison, dépitée mais décidée à me laver coûte que coûte, même dans un lavabo s'il le fallait. J'essayais de retirer ma chemise de nuit, mais elle restait coincée au niveau des épaules. Je demandais de l'aide à ma belle-sœur car je sentais que je n'y arriverais pas seule et j'étais paniquée à l'idée de rester ainsi les bras entravés au-dessus de la tête. La chemise de nuit était rayée bleu marine et blanc et avait appartenu à ma belle-sœur, qui l'avait portée durant la grossesse des jumeaux. Non seulement il me fallait prendre un nouveau départ mais aussi me « dépêtrer » de ces liens trop forts avec ma famille qui m'empêchaient de vivre ma propre vie.

Voici un second exemple de rêve d'eau et de nettoyage : toujours dans la maison de mon enfance, je devais faire le tour des pièces afin de ramasser le linge sale éparpillé partout depuis ma dernière visite. Après avoir nettoyé les pièces principales, j'accédai à la cave par une lucarne étroite et déformée, ce qui allait rendre périlleuse mon ascension les bras chargés de linge sale. Je refis une dernière fois le tour pour vérifier que je n'avais rien oublié, et plus je regardais, plus il y avait de linge sale. Je me dis alors qu'il fallait au moins deux machines à laver pour tout nettoyer. Le travail sur soi n'est jamais fini, l'essentiel est d'avancer et de continuer à se débarrasser de ce qui nous empêche de vivre.

• Les rêves de catastrophes naturelles

L'ouragan et la tornade, comme le tremblement de terre ou le raz-de-marée, font des ravages. Sur le plan symbolique, ils balayent tout sur leur passage et représentent la destruction de ce qui est obsolète et l'occasion de bâtir à nouveau. Ils accompagnent les changements profonds de vie.

Si vous rêvez d'un tremblement de terre, il peut s'agir d'un bouleversement total dans votre vie familiale ou professionnelle. Le raz-de-marée, immense vague capable de balayer tout sur son passage y compris celui qui rêve, représente le sentiment de menace provoqué par une soudaine perturbation de la psyché. La personne peut se sentir engloutie par ces sentiments menaçants. Un raz-de-marée emportera les vestiges des idées caduques et des mauvaises habitudes. Il pourra vous entraîner vers de nouveaux rivages ou vous noyer. Les inondations représentent la fin d'un cycle et le début d'un autre, le sentiment d'être submergé par les événements et les émotions.

Dans les premiers temps de mon analyse, j'ai fait le rêve suivant : j'appartenais à une tribu indienne d'Amérique du Nord et vivais avec ma vieille grand-mère et ma petite sœur dans un tipi monté au creux de ce qui semblait être le lit d'une rivière asséchée. Nous vivions en paix et effectuions nos tâches ménagères habituelles lorsque nous fûmes soudain alertées par un grondement terrible et vîmes une énorme vague déferler, emportant tout sur son passage. Je me précipitai vers ma sœur et ma grand-mère pour les faire sortir et échapper ainsi à une mort certaine, mais ma vieille grand-mère refusait de quitter le tipi dans lequel elle avait toujours vécu, et elle restait là à attendre la déferlante. Ah ! qu'il est difficile de se débarrasser de ses vieilles habitudes.

En fidèle Scorpion, je ne pouvais me contenter d'un orage ou d'une bonne douche – non, mon nettoyage devait être si appliqué et intense, et le torrent de mes émotions si puissant, que je rêvais de cette sorte de lame de fond.

• Les rêves de bijoux

Les bijoux ont toujours été associés au statut social. Dans tous les sites archéologiques du monde, ils témoignent de la richesse des défunts ensevelis. La bague peut en outre incarner le besoin d'unité et de continuité et avoir un rapport avec le mariage.

Je possède une jolie bague à laquelle je suis doublement attachée : d'une part parce qu'elle a été réalisée à l'aide de brillants prélevés sur des bijoux anciens qui me venaient de ma grand-mère et de ma belle-mère, et d'autre part parce qu'elle a été dessinée par mon amie Monica, aujourd'hui décédée. Le tout donne un effet assez remarquable.

Lorsque j'ai perdu mon emploi pour la première fois, j'ai fait le rêve suivant : j'étais à une réception avec cinq jeunes femmes. Trois avaient beaucoup de succès car elles portaient de jolies robes et de beaux bijoux, mais les deux autres et moi-même étions transparentes aux yeux des invités. Devant leur surprise, je leur expliquais un peu excédée qu'il nous aurait fallu mettre des tenues et des bijoux remarquables pour briller comme les trois autres. Je décidais alors d'aller chercher ma jolie bague, mais en arrivant chez moi je m'apercevais que tous les brillants avaient disparu. Affolée, je cherchais partout dans la maison, mais je n'en retrouvais que quelques-uns, en fort mauvais état.

Après une perte d'emploi ou lors du départ à la retraite, on a l'impression d'avoir perdu son statut social et on a tendance à se dévaloriser et se désocialiser. Après ma seconde perte d'emploi, je fis cet autre rêve : je m'apercevais que tous les brillants de ma bague s'étaient décollés et qu'il ne me restait plus que la monture. Je les retrouvais une première fois et les recollais à la va-vite. Mais les brillants ne tenaient pas et ils disparaissaient à nouveau. Je n'étais pas trop inquiète car j'étais sûre qu'ils étaient perdus dans un espace bien défini. Ma prochaine étape était la recherche d'un joaillier de qualité qui reconstituerait entièrement ma bague. À cette époque, j'avais accepté un emploi, un peu en désespoir de cause, car je ne trouvais rien en rapport avec mon expérience réelle acquise chez Jacadi. Bien mal m'en a pris car je n'y suis restée qu'un an avant d'être licenciée avec pertes et fracas. Il est conseillé de ne pas aller trop vite et de ne pas faire les choses à moitié !

La réalité dépasse parfois la fiction : un jour, par mégarde, j'ai laissé ma bague dans la poche de ma sortie-de-bain, que j'ai mise avec le reste de mon linge sale dans ma machine à laver. Sortie de ce traitement de choc, la bague avait perdu deux de ses brillants. J'en ai immédiatement récupéré un dans le tambour de la machine puis le second dans le filtre, après la lessive suivante. J'ai pu faire recoller les pierres et la bague a repris son aspect antérieur.

• Les rêves de vide

La thérapie nous oblige à plonger dans l'inconnu, à remplacer des certitudes qui nous accompagnent depuis longtemps d'abord par du vide puis par quelque chose de plus juste ; aussi les rêves de vide vertigineux sont-ils courants.

Je faisais les magasins dans le Quartier latin et je me retrouvais en haut de la tour Montparnasse dont la façade était constituée de lattes de mousseline bleu, blanc, rouge, d'environ cinquante centimètres de large. Il fallait que je descende, mais la pente était abrupte et la mousseline bien peu solide. À quelques dizaines de lattes plus bas, je voyais mon père qui pleurait et maudissait les assassins de mon frère aîné. Je devais le rejoindre, mais la tâche paraissait si ardue que j'étais tentée de me jeter dans le vide pour en finir, la rage au cœur. Puis, me reprenant, je me disais que si je descendais doucement avec la plus grande prudence, j'y arriverais forcément. Je mis fermement la poignée de mon sac dans ma bouche pour éviter toute gêne et j'entrepris ma descente. « Sur l'écran noir de mes nuits blanches », tous les ingrédients étaient réunis : le découragement puis le sursaut, le sac à main que je protégeais pour ne pas le perdre, la descente et le vide.

Guérison (premiers pas)

À la fin d'une séance, au cours de la deuxième année, la thérapeute posa affectueusement sa main sur mon épaule alors que je partais. Je sautai en l'air et me dérobai sauvagement comme si j'avais été brûlée au fer rouge. J'étais si peu habituée aux gestes d'amitié ou d'affection que la surprise m'avait comme électrisée. Un souvenir m'est alors revenu à la mémoire : mon père et moi avions dû faire piquer le chien de ma mère, plusieurs années après sa mort, parce qu'il était vieux et malade. En sortant du cabinet du vétérinaire, j'avais voulu prendre sa main, tant pour le réconforter que pour me sentir moins seule ; il la retira vivement comme si je l'avais brûlé.

Décidément, mon père et moi étions tous deux des handicapés de la tendresse. Mon attitude me fit beaucoup réfléchir et me permit de comprendre que si je ne recevais pas ces gestes naturels d'affection de la part de mon entourage, c'était parce que mes barrières étaient si hautes et infranchissables que pratiquement personne ne s'aventurait aux abords.

Grâce à ces trois ans d'analyse, j'ai pu prendre conscience de certains traumatismes et dépasser quelques blocages. Je me suis débarrassée des sentiments de culpabilité et de honte inhérents à mon viol, ce qui m'a permis d'évacuer une partie de ma peur des hommes et d'avancer dans ma vie de femme.

J'ai pu faire le deuil de mon frère et de ma mère, ce que je n'avais pas réussi à l'époque de leur mort. J'avais refusé de voir leur corps, je m'étais interdit de pleurer et j'avais maintenu la souffrance à distance en me plongeant dans une activité frénétique et en supprimant de ma vue tout objet, toute photo qui m'aurait rappelé mes défunts. Pour espérer aller mieux un jour, il ne faut pas éviter la souffrance : elle est nécessaire à la vie. Dans le cas contraire, le risque est grand de plonger des années plus tard dans la dépression. Le barrage des larmes a pu se rompre sur le divan au soupirail et je me suis copieusement rattrapée. Je ressortais de mes séances d'analyse souvent défigurée, les yeux gonflés et rouges cachés derrière des lunettes. Faire le deuil… Est-ce qu'on « fait le deuil » ? Je crois plutôt que l'on apprend à vivre avec un manque, un trou au milieu de la poitrine, d'abord béant, et qui se comble peu à peu. Je ne vois plus arriver leur anniversaire, Noël ou la fête des mères avec horreur. Ils me manquent et j'y pense souvent ; mais si, en ces occasions, j'ai envie de pleurer, je pleure. Les larmes adoucissent la peine.

J'ai accroché sur un mur de ma chambre, près de mon lit, une très belle photo de mon frère penché vers ma mère pour l'embrasser dans un geste des plus tendres. Elle avait sans doute été prise à l'occasion d'un anniversaire et l'on ressent tout l'amour qu'ils se portaient l'un à l'autre. Je l'ai fait agrandir et j'ai choisi un cadre précieux.

J'ai aussi cessé de me sentir coupable lorsque je suis heureuse. Je me suis réapproprié une grande partie de mon identité et je n'ai plus eu besoin de faire semblant pour me protéger. Je me suis davantage ouverte aux émotions et aux ressentis.

J'ai compris que mes racines avaient été arrachées à plusieurs reprises. Il n'est pas étonnant que j'aie eu du mal à trouver de la stabilité et à me sentir en sécurité comme la plupart des enfants, d'où mes angoisses. Ma thérapeute m'a fait réaliser que ce sentiment d'insécurité avait pu être aggravé par la personnalité même de ma mère. « Transplantée » du Maroc dans le Paris de l'immédiat après-guerre, loin de ses parents et de sa famille, aux côtés d'un mari qui pouvait parfois se montrer violent, peut-être avait-elle déprimé et s'était-elle sentie écrasée par la responsabilité de ses enfants, me transmettant une partie de ses propres angoisses.

La méthode corse

En janvier 1994, je recueillis chez moi une amie, Lucia, dont j'avais fait la connaissance en Corse l'été précédent, lors de mon séjour chez Monica. Après le décès de son mari, atteint d'une tumeur au cerveau et qu'elle avait soigné durant trois longues années dans leur maison près d'Ajaccio, Lucia souhaitait venir à Paris pour retrouver du travail. C'était la première fois de ma vie que je cohabitais véritablement avec un adulte dans ma propre maison. J'habitais alors un petit carré de béton entouré d'un jardin dont les pièces principales étaient entièrement laquées en blanc – murs, plafonds, parquets et meubles.

Aucun grain de poussière ne venait perturber l'ordre que j'y faisais régner. J'y veillais personnellement, aidée d'une redoutable femme de ménage extrêmement méticuleuse. La rigidité dans laquelle je m'étais enfermée se reflétait ainsi dans mon intérieur, toutefois égayé par un canapé en chintz rose et des rideaux rose et vert de la même matière. Il devait rester sans doute en moi une part de petite fille.

Ma maison avait tout du décor de théâtre. Elle ressemblait à une photographie tirée d'une revue spécialisée du dernier chic, mais ce n'était pas vraiment un endroit à vivre. On parle souvent de « cadre de vie » : pour moi, cette expression était doublement appropriée car elle suggère une certaine rigidité. Cette amie, malgré son deuil, avait la chaleur et la nonchalance des femmes du Sud. Elle laissait traîner des affaires dans toutes les pièces, s'était emparée de ma cuisine pour préparer les repas, laissait des odeurs d'ail et de friture dans toute la maison et des cheveux dans le lavabo ; bref, elle dérangeait l'ordre que j'avais eu tant de mal à instaurer et qui pour moi était synonyme de sécurité.

La peur d'être submergée me tétanisa. Au bout de quinze jours, l'atmosphère était si explosive que nous ne pouvions presque plus nous regarder en face ni nous adresser la parole. Je ne me souviens plus laquelle des deux a dégainé la première, mais au cours d'un dîner, nous avons explosé et nous nous sommes jeté à la figure tous les griefs que nous avions l'une à l'égard de l'autre : elle me reprocha ma psychorigidité qui l'empêchait presque de respirer, et moi, son côté envahissant et son désordre perpétuel. Cette soirée qui aurait dû se terminer dans un bain de sang a fini dans un énorme fou rire.

Elle est restée chez moi et a partagé ma vie durant presque une année, avant de retrouver un travail et de prendre un appartement pour elle seule. Je l'ai beaucoup regrettée. Merci, Lucia, de m'avoir fait prendre conscience de l'extrême raideur dans laquelle j'étais enfermée. Entre elle et la psychothérapeute que je voyais à la même époque, je me faisais l'effet d'un punching-ball, mais je continuais consciencieusement à me rendre deux fois par semaine à mes séances.

En juillet 1996, je commençais à en avoir par-dessus la tête de ma thérapeute et de son silence. Je crois que j'aurais fini par l'étrangler. Elle m'annonça fort à propos qu'elle déménageait pour aller dans le XIIIe arrondissement (comme ma sophrologue !). Ce fut pour moi l'occasion de mettre un terme à nos entretiens. Elle me fit remarquer avec véhémence que je prenais cette décision dans une période très difficile pour moi, mais je ne changeai pas d'avis sans lui préciser les raisons exactes. En écrivant ces lignes, je réalise soudain que je n'ai jamais vraiment parlé de mon agoraphobie avec elle et qu'elle n'a pas pu comprendre qu'une des raisons de mon refus de la suivre était la distance entre Boulogne, où j'habitais, et le XIIIe arrondissement, incompatible avec mes réflexes phobiques. Pourquoi ai-je éprouvé un tel blocage vis-à-vis de cette femme pourtant très professionnelle ?

Cette deuxième thérapie a été bénéfique, mais elle n'a pas été suffisante pour faire reculer toutes mes peurs. La psychanalyse ne se montre pas toujours efficace dans le traitement des phobies. C'est pourquoi on a aujourd'hui davantage recours aux thérapies cognitivo-comportementales (TCC) pour cette pathologie.

L'AMOUR

Une lumière dans la nuit

• La rencontre

Bernard fut aussi pour moi une thérapie. Au cours de cette année de colocation, Lucia invitait parfois à dîner chez moi des ingénieurs et des médecins qui travaillaient dans le même secteur qu'elle, afin de renouer avec les contacts qui lui permettraient de rebondir professionnellement. Je fis la connaissance d'un de ses amis, bien connu dans le secteur des nouvelles technologies de l'information. Je n'avais remarqué chez lui que sa jeunesse (six ans de moins que moi) et sa taille, un mètre quatre-vingt-douze (je mesure un mètre cinquante-cinq), mais comme j'étais encore dans ma phase d'« abstinence », je ne lui attachai que peu d'importance. Par la suite, je me suis souvent moquée de lui en lui faisant remarquer qu'aux alentours de la cinquantaine, les hommes ont plutôt tendance à s'intéresser aux minettes qu'aux femmes mûres et qu'il ne devait pas être tout à fait normal.

Presque un an durant, cet homme fort obstiné, Bernard, ne laissa guère Lucia en paix afin qu'elle lui organise un dîner en tête à tête avec moi ; en vain. Je m'en tenais à ma décision : ne plus laisser aucun homme pénétrer dans ma vie et perturber mon édifice précaire. Pourtant, mon année de cohabitation avec Lucia et la thérapie que j'avais commencée m'avaient quand même permis de m'ouvrir davantage aux autres, de baisser un peu ma garde, d'échanger avec mon entourage sans craindre d'être blessée ou grugée et de m'autoriser à prendre du plaisir. Le désir de sortir de mon sarcophage commençait à se faire sentir.

En juillet 1995, un an avant mes cinquante ans, j'acceptai enfin un dîner avec Bernard pour permettre à Lucia de retrouver la paix, me disais-je en guise d'excuse. Son obstination me flattait et j'étais prête à rompre le serment que je m'étais fait. La soirée fut très agréable et nous nous promîmes de récidiver au retour de nos vacances respectives. Fin août, j'ai sauté sur mon téléphone pour lui proposer un autre rendez-vous, qu'il s'est empressé d'accepter. Pour ce dîner tant attendu, je portais une courte jupe en vichy rouge, très années soixante, et des ballerines assorties – tenue qui mettait en valeur mon bronzage et ma silhouette. Lorsque j'ai entendu sonner, je me suis précipitée dans l'escalier pour aller ouvrir : je volais. Je retrouvais les sensations de mes seize ans, j'étais comme grisée par une vague de bonheur, et une histoire merveilleuse débuta. Nous avons vécu ensemble notre adolescence, que lui n'avait pas pu vivre en raison d'une grave malformation heureusement opérée à l'âge adulte, et moi en raison de mon enfance troublée et des responsabilités que je m'étais imposées afin de soulager ma mère. Nous nous parlions pendant des heures le soir au téléphone, nous marchions, en ville comme à la campagne, main dans la main, ce qui ne manquait pas de faire se retourner les passants en raison de la différence de taille. Ma nièce, qui avait alors neuf ans, m'a dit au cours d'une balade qu'elle faisait avec nous : « Vous êtes tout à fait ridicules, mais il est tellement gentil. »

Nous nous faisions sans cesse de petits cadeaux (des animaux en pâte d'amande, des réglisses en rond, des nounours en chocolat...) et nous roucoulions : « Mon petit cœur » par-ci et « Mon minouchet » par-là ; bref nous nous aimions comme des enfants. Dans ses yeux, je me sentais belle et désirable.

Il se disait séparé de sa femme. Lorsque je lui avais demandé, lors de notre premier dîner en tête à tête, où vivaient ses enfants, il m'avait répondu qu'ils étaient avec leur mère. Ce qu'il avait omis de me préciser, c'est que toute cette petite famille, femme et enfants (deux garçons et une petite fille de quatre ans), vivait sous le même toit, certes, mais avec lui. Comme j'avais toujours beaucoup de mal à me déplacer, qu'il habitait une banlieue fort éloignée de la mienne et que son bureau était proche de mon domicile, nous nous retrouvions toujours chez moi sans que je me pose trop de questions. À ce stade de notre relation, je ne lui avais rien dit de mon handicap. Qu'aurait-il pensé d'une brillante jeune femme incapable d'aller plus loin que le coin de sa rue sans que la terre s'ouvre sous ses pas et la précipite dans des abîmes d'angoisse ? J'étais on ne peut plus naïve sur le plan sentimental et jamais je n'aurais pu imaginer qu'il était encore marié, et bien marié. Comment peut-on mentir avec tant d'aplomb ? Certains hommes ont une facilité déconcertante à mener une double vie et il en était l'exemple parfait. J'avais beau être redoutable dans mes négociations professionnelles et ne reculer devant rien pour obtenir ce que je voulais, j'étais désarmée dans ma vie privée. J'avais un besoin irrépressible de tendresse, je voulais en donner autant qu'en recevoir. Lorsque je me suis rendu compte (au bout de deux mois environ) qu'il m'avait menti et partageait encore et le toit et le lit conjugaux, je n'ai pas réussi à rompre.

Nous avions tant de choses en commun, tant de passions partagées, que le temps s'écoulait à une vitesse vertigineuse lorsque nous étions ensemble. Je savais qu'il tenait énormément à moi, même s'il m'avait prévenue qu'il ne quitterait pas ses enfants avant les dix-huit ans de la petite dernière. Avec lui, je me sentais pour la première fois de ma vie véritablement désirée en tant que femme ; aussi était-il devenu impossible pour moi de me séparer de lui. J'avais baissé ma garde pour de bon et je n'avais pas envie de la remonter.

En outre, je dois reconnaître que je trouvais assez pratique de ne pas l'avoir tous les jours sur le dos. Nous dînions ensemble deux fois par semaine et il passait généralement la nuit avec moi. Il me consacrait tous ses samedis ; nous allions d'abord à un cours de yoga, puis nous nous promenions en amoureux dans les rues de Paris ou visitions des expositions. Plusieurs fois par an nous partions en week-end ou quelques jours en France ou à l'étranger.

J'avais fini par lui avouer mes difficultés à me déplacer seule et dès que j'avais besoin de le faire il était là pour me véhiculer. Je me sentais forte entre l'amour de Bernard et ma place chez Jacadi. J'avais retrouvé mes cocons et mes angoisses n'étaient plus aussi perturbantes. J'étais heureuse faute d'être guérie.

• Le troisième ébranlement : le scandale

J'ai été merveilleusement heureuse jusqu'au 13 mai 1996, date à laquelle mon frère fut amené à démissionner de son poste de PDG, à la suite d'une mésentente avec ses associés banquiers sur la stratégie de développement.

Je fus la première à devoir quitter l'entreprise et, à la fin de l'été, mon frère Patrick et sa femme furent également priés d'aller travailler ailleurs. Le coup fut terriblement rude. J'eus l'impression (et que dire de mon frère et ma belle-sœur) d'être dépouillée de cet enfant que j'avais contribué à mettre au monde et à faire grandir. Lorsque nous l'avons quittée, cette société comptait quatre cent cinquante boutiques franchisées implantées dans trente-deux pays.

Peu de temps après, je fis un rêve : j'étais cachée dans une maison avec les membres de ma famille car des assassins voulaient se débarrasser de nous. Je barricadais portes et fenêtres pour nous protéger et je me démenais comme un beau diable. Par traîtrise, nos assaillants réussirent à s'introduire dans la maison et je pensais que nous allions tous mourir. Je me résignais sans trop de mal au triste sort qui m'attendait mais je ressentais une profonde souffrance à l'idée que ma famille, qui était cachée dans une chambre éloignée, allait périr aussi.

La douleur ressentie dans mon rêve était si intolérable que je dus me réveiller pour la faire cesser, mais je n'en fus pas pour autant soulagée. Les attaques incessantes et mensongères – dont la presse économique et le reste de la profession se firent les relais – du nouveau directeur étaient difficiles à supporter et rendaient ma recherche d'emploi délicate. Contacté dans le cadre de ma prospection auprès de mon réseau, le directeur du cabinet d'ingénieurs-conseils dans lequel j'avais commencé ma vie professionnelle me précisa même, avec beaucoup d'élégance, qu'il n'était pas question qu'il me recommande à ses relations professionnelles car « j'étais grillée sur la place financière de Paris ». Les nouveaux dirigeants avaient même porté plainte pour abus de biens sociaux et mon frère s'attendait chaque jour à finir à la prison de la Santé. Heureusement, trois ans plus tard, grâce au travail remarquable de la brigade financière des Hauts-de-Seine, son intégrité fut reconnue et aucune poursuite ne fut maintenue à son encontre. Mais de cela, messieurs les journalistes, même pas un entrefilet !

Commença alors la valse des avocats et des convocations par la police financière ; les « amis » vous tournent le dos, les appels téléphoniques sans réponse se multiplient. Durant toute cette période de grand trouble, mes crises de panique, que j'avais tenues éloignées grâce à mon travail et à la présence de Bernard, ressurgirent. Mon cœur à l'étroit, les vertiges, les jambes flageolantes qui vous soutiennent à peine, le souffle court : tout refaisait surface avec violence. À cela s'ajouta la peur du chômage. J'étais en effet dans ma cinquantième année et certaines personnes bien intentionnées de mon entourage ne se privaient pas de me dire que retrouver du travail à cet âge était impossible.

Cependant, mes angoisses n'ont pas atteint les sommets des ébranlements précédents, car je n'étais plus totalement seule pour faire face à cette situation, même si ce soutien était bancal puisque je ne pouvais compter sur Bernard qu'à mi-temps. Mais grâce à lui, j'ai tenu éloignée la folie qui me guettait ; cette perte totale de repères aurait pu m'y conduire.

Les trois premières années de ma vie avec Bernard m'ont apporté une certaine forme de bonheur malgré le maelström matériel et moral dans lequel m'avait entraînée mon départ de la société Jacadi. Sa tendresse me protégeait, sa présence m'obligeait à vivre sans me recroqueviller comme à mon habitude.

Le Rebirth

L'élément déclencheur

En mars 1997, je retrouvai un poste de secrétaire générale dans une maison de couture de la rue du Faubourg-Saint-Honoré qui avait eu ses heures de gloire, vingt ans auparavant, grâce aux robes à paillettes dessinées par le créateur. J'avais accepté cette place, plutôt éloignée de mon expérience de directeur financier, parce que le chômage me pesait infiniment et que j'étais un peu « grillée » sur la place financière de Paris, comme on me l'avait fait élégamment remarquer.

La femme du créateur, paranoïaque et alcoolique, gérait l'entreprise sans aucune notion des affaires et j'étais censée lui servir de conseillère en toute chose. Après quelques semaines de travail, je me suis rapidement rendu compte que cette femme avait placé dans tous les bureaux, ateliers et magasins des micros et des caméras pour surveiller l'ensemble du personnel depuis son écran de contrôle situé dans son appartement, au dernier étage de l'immeuble. J'étais plutôt chanceuse car je n'avais qu'un micro dans mon bureau. Chaque lundi matin, je versais dessus une bouteille de Tipp-Ex pour le rendre inutilisable. Le lundi suivant, j'en retrouvais un neuf et la comédie reprenait.

Un jour, une employée injustement licenciée porta plainte et je me suis retrouvée en garde à vue avec le créateur et son épouse. Ce fut une journée inoubliable et tout à fait cocasse. La brigade de police en charge de cette affaire fit irruption un matin à neuf heures dans le hall de réception qui donnait sur mon bureau. Elle était composée d'une dizaine de personnes dont un commissaire de police, des inspecteurs, un expert nommé par le tribunal et des photographes. Ils demandèrent à me voir et me signifièrent ma mise en garde à vue. Comme j'apportais une aide zélée à l'expert dans la recherche des pièces à conviction, la police comprit très vite que je n'étais pour rien dans ces tentatives d'atteinte à la vie privée et me traita avec la plus grande courtoisie. Ma journée de garde à vue se termina malgré tout à la brigade financière de Paris où je fus conduite en compagnie du créateur et de sa charmante épouse. Même si je plaisante maintenant volontiers à propos de « ma journée de garde à vue », il faut bien avouer que cette année passée rue du Faubourg-Saint-Honoré fut très éprouvante nerveusement. Un article paru dans *Le Canard enchaîné*, qui relatait toute l'affaire des micros et des caméras, m'a fait perdre mon travail en mars 1998, car j'avais été rendue responsable de la « fuite ». Mes crises d'angoisse se sont immédiatement déchaînées, et même la présence de Bernard ne pouvait plus les atténuer. À nouveau sans travail, sans vie affective sécurisante, je me suis sentie tomber dans le vide. Dès que je me retrouvais seule, tous mes malaises étaient décuplés. Je devais faire des efforts proprement surhumains, déployer des trésors d'énergie pour cacher mon état et reprendre ma recherche d'emploi.

Trop, c'était trop, et les digues que j'avais érigées pour me tenir debout se sont rompues. Après quelques mois de recherche d'emploi, un dimanche de juin 1998, j'ai craqué pour la première fois de ma vie. J'ai commencé par enfouir mon visage dans mes mains pour ne plus voir ce monde qui me blessait sans cesse, mais aucun son ne sortait. Tout se passait comme si mon chagrin, qui avait été si longtemps refoulé, contenu, ne parvenait pas à s'exprimer. Puis j'ouvris la bouche et une plainte aiguë s'échappa de ma gorge. Un cri violent éclata, emporté par des années de souffrance libérées d'un seul coup. Ce hurlement de douleur que j'avais refréné durant tant d'années a pu enfin sortir.

La violence de mes émotions me tétanisa – j'étais incapable de la contrôler, de mesurer la profondeur de ma douleur et de savoir si elle prendrait fin un jour.

Je pleurais et hurlais à en avoir la gorge meurtrie, la poitrine agitée de spasmes, figée dans la position du fœtus, pleurant et appelant ma mère au secours. Elle ne risquait pas de me répondre car cela faisait vingt ans qu'elle était morte.

Moi qui n'avais quasiment pas pu pleurer à la mort de mon frère ni à celle de ma mère, je ne m'arrêtais plus. Épuisée, je m'endormis quelques instants. À mon réveil, au prix d'un immense effort pour me recomposer, je téléphonai à Bernard en hoquetant. Sur-le-champ, il abandonna sa famille et se précipita à Boulogne, non sans avoir prévenu mon frère qui n'était qu'à quelques minutes de chez moi. Affolés de me voir dans cet état, ils téléphonèrent à SOS Médecins. Deux heures après, le médecin de garde arriva enfin, mais la crise était passée et j'échappais à la traditionnelle piqûre de Valium. Je ressortis si faible de cet épisode que, les jours suivants, je n'avais presque plus la force de marcher. Là encore Bernard me fut d'une grande aide et sa tendresse me permit de faire face à mes obligations sans que personne autour de moi ne remarque mon état.

Après avoir perdu plusieurs kilos (et je ne suis pas bien grosse !), je me retrouvai dans un tel état de faiblesse physique et psychique que je pouvais à peine faire face au quotidien et encore moins envisager de chercher un nouvel emploi, pourtant vital pour moi. Une amie me conseilla alors d'aller voir une « psy »

– encore une – qui utilisait une thérapie nouvelle, le « Rebirth ». Son cabinet n'était pas loin de chez moi, devinez où ? Villa Montmorency ! Il faudra un jour que je comprenne pourquoi ce lieu me colle à la peau comme le treizième arrondissement.

Les séances

Cette thérapie m'a sauvé la vie. C'est à mon sens une autre approche, à la fois plus complète et plus humaine, que l'analyse que j'ai effectuée avec ma psychanalyste. Plus complète, car elle allie la conscientisation des problèmes à leur évacuation aux niveaux corporel et émotionnel. Plus humaine, car c'est par le dialogue en face à face avec le thérapeute que la prise de conscience des difficultés intervient avant leur assimilation et leur évacuation.

Les cures analytiques sont souvent longues et leur efficacité est parfois remise en cause, notamment dans le domaine de l'agoraphobie, domaine dans lequel les recherches de certains thérapeutes les ont amenés à développer des thérapies non conventionnelles. Déjà, en 1890, William James, père de la psychologie américaine, écrivait qu'une émotion était avant tout un état du corps et ensuite une perception dans le cerveau. Une nouvelle thérapeutique des émotions était née, qui fait appel aux facultés d'autoguérison du cerveau émotionnel. Le corps possède de nombreux mécanismes d'autoguérison. Il est capable de cicatriser ou d'éliminer une infection. Ces facultés innées de retrouver l'équilibre et le bien-être, le cerveau émotionnel les possède aussi. La tâche principale du thérapeute est d'aider le patient à déceler les expériences douloureuses vécues dans le passé, sans rapport avec le présent, mais qui se sont imprimées de façon indélébile dans le cerveau émotionnel, puis de l'aider à se réadapter à la réalité du présent. Les méthodes qui passent par le corps influent plus directement sur le cerveau émotionnel.

Basé sur une respiration amplifiée, consciente et dirigée, le Rebirth permet un acte d'abandon à soi-même pour libérer des émotions enfouies sans intervention du mental. Répandu dans le monde entier, le Rebirth a été découvert et expérimenté aux Etats-Unis dans les années 70 par Leonard Orr et Sandra Rey. À l'origine, c'est une technique respiratoire basée sur l'hyperoxygénation. Son nom – Rebirth, « renaissance » – s'explique par le fait que cette forme de respiration amplifiée permet de revivre sa naissance.

Mes séances de Rebirth se déroulaient en deux parties. Première heure, classique : j'analysais, avec la thérapeute, mes rêves et mon ressenti des situations que je vivais au quotidien et qui me renvoyaient à mes souffrances passées, afin de prendre conscience de ce qui entravait ma vie. Mais au cours de la seconde heure, changement de décor : confortablement allongée sur un matelas, sous des couvertures douillettes afin de me sentir à l'abri comme dans un cocon, les yeux fermés, j'entamais un exercice de respiration consciente, uniquement par la bouche, dans le haut de la cage thoracique.

J'inspirais profondément mais brièvement puis j'expirais en relâchant mes muscles comme dans un grand soupir, sans jamais m'arrêter pour déglutir ou reprendre mon souffle. Au début, cette respiration était une vraie souffrance par son intensité. Comme elle entraînait une hyperventilation, j'en sortais tout étourdie. Cette technique respiratoire facilite en fait le retour à la conscience des émotions refoulées.

Pendant que l'on respire, surgissent des pensées, des émotions, des images et des sensations corporelles, parfois violentes, de chaud, de froid, des fourmillements, des larmes, des cris de douleur ou de colère, bref tout un cortège de manifestations organiques et émotionnelles. Les réminiscences peuvent être longues ou brèves. Il arrive que le corps tressaute et qu'à la fin de la séance, on ne se souvienne plus des images qui sont brièvement revenues à la conscience et ont provoqué les tressautements. Peu importe, le nettoyage se fait quand même. Les traumatismes de la naissance et les expériences négatives oubliées (les mémoires émotionnelles) ressurgissent à la conscience et sont alors admises puis dissoutes.

Le Rebirth est un instrument efficace pour résoudre d'anciens blocages ou conditionnements, tant physiques que psychiques. Peu importe que les événements traumatisants ne restent pas à la conscience ; ainsi revécus dans la respiration, les séquelles qu'ils ont engendrées s'effacent et l'énergie réprimée par les blocages se libère pour devenir créatrice. Mes longues années de yoga m'avaient fait admettre sans problème l'importance de la respiration pour la vie, aussi me fut-il facile d'accepter cette approche.

La présence d'un thérapeute bien formé à cette méthode aux côtés du patient est nécessaire car les impressions et les émotions peuvent être terrifiantes.

Comme le dit Jacques de Panafieu[4], l'un des premiers thérapeutes Rebirth français, dans son ouvrage : « On ne peut pas tricher avec le Rebirth, il se situe au-delà des mots dans la mémoire de nos cellules. Il fait remonter des émotions que notre mental avait refoulées. Il remet en mouvement ce que la peur avait figé, lève les barrières, ouvre des périodes archaïques donnant accès aux souvenirs enterrés, faisant remonter les émotions refoulées. »

Après environ quatre à cinq mois de rencontres espacées d'une quinzaine de jours, au cours d'une séance de respiration, j'ai eu à nouveau la vision de cette enfant de quatre ans, terrorisée et recroquevillée

4. Jacques de Panafieu, *Le Rebirth*, Editions Bernet-Danilo, 1997.

sous un meuble, et non sur le haut d'une armoire, parce que le monde des adultes lui semblait trop dangereux. Je ressentais sa terreur, je revivais son besoin vital de rester cachée là, à l'abri de ceux qui, au lieu de la protéger et de la rassurer, l'avaient malmenée. La circonstance exacte de ce traumatisme n'est jamais revenue à ma conscience ni à ce moment-là ni par la suite, le souvenir est sans doute trop douloureux. Par contre, la panique ressentie par l'enfant que j'étais ainsi que le sentiment de profond abandon sont restés présents jusqu'à la fin des respirations, avant de disparaître.

À partir du moment où ma thérapeute m'a expliqué que je n'étais plus cette petite fille de quatre ans, mais une adulte (de cinquante-deux ans !) capable de se défendre contre les autres adultes et de demander du secours si besoin était, l'étau s'est lentement desserré, je me suis sentie délivrée et, peu à peu, j'ai commencé à me libérer de mes terreurs d'enfant. Peu importait la raison de ma frayeur, l'essentiel était que je comprenne que je n'étais plus dépourvue de moyens pour me défendre et que je n'avais plus de motif d'avoir peur. C'est l'impuissance qui transforme un événement pénible en véritable traumatisme. Les ruptures et les morts nous renvoient à notre impuissance originelle, et lui redonnent chair à l'âge adulte. Les soldats qui ont vécu des situations de guerre le savent bien : les souvenirs les plus terribles ne sont pas ceux des combats qu'ils ont livrés, mais ceux où ils n'ont rien pu faire pour sauver un camarade ou parce qu'ils étaient prisonniers des décombres d'un bombardement.

Le soulagement fut intense sur le moment, mais je ne pouvais pas imaginer que le ressenti de ma terreur d'enfant et les simples mots d'explication fournis par ma thérapeute allaient changer ma vie, chasser définitivement mes angoisses, ce mal profond avec lequel je vivais depuis si longtemps, cette gale qui me pourrissait de l'intérieur. Cela paraissait simpliste, et pourtant ça a marché, ce fut pour moi comme une « re-naissance ».

J'ai beaucoup lu par la suite car j'avais besoin de comprendre ce qui s'était passé pour y croire totalement et j'ai découvert la théorie de la réconciliation de l'adulte avec son enfant intérieur[5]. L'enfant intérieur est l'enfant que l'on a été à un moment donné et que l'on a gardé en soi. Lorsque l'adulte reste sous l'emprise inconsciente de son enfant intérieur, il cesse de réagir en adulte avec son intelligence et sa volonté. Il se trouve emporté par des émotions incontrôlées, colères, angoisses, actions impulsives ou capricieuses, sans pouvoir faire appel à sa raison. Il ne comprend pas ce qui lui arrive en ces circonstances. Il agit malgré lui. La moindre contrariété

5. Moussa Nabati, *Guérir son enfant intérieur*, Editions Fayard, 2008.

peut devenir pour lui insupportable car elle ravive ses craintes infantiles de se voir rejeté d'où son avidité affective et sa quête de sécurité. Lorsque l'on n'a pas été suffisamment petit garçon ou petite fille, avec ce que cela comporte de légèreté et d'insouciance, on risque de rester à jamais enfant. Cet « arrêt » dans le développement de la personne fait qu'à l'âge adulte, l'enfant, ayant grandi trop vite, peut nous hanter en exigeant la satisfaction de besoins essentiels qui n'ont pas été reconnus en temps voulu. Cet état peut être générateur de blocages et d'états dépressifs, voire de pathologies plus graves. Pour libérer l'individu de ce mal-être, il est nécessaire d'entrer en contact avec son enfant intérieur afin de l'amener à grandir et à atteindre l'âge réel de la personne. La thérapie associée à la respiration m'a permis de retourner chercher cette petite fille de quatre ans pour la prendre par la main et lui dire que l'adulte que j'étais l'aimait et ne l'abandonnerait jamais. Ma souffrance ainsi comprise, avérée et assumée s'est dissoute et a perdu de son pouvoir de nuisance.

Dans mon esprit de petite fille, le fait de divulguer un événement répréhensible était synonyme de « danger de mort », voilà sans doute aussi pourquoi je n'ai pas pu révéler mon viol à mes parents. Peu importe ce que j'ai vu et que l'on m'a interdit de répéter, peu importe les mots employés, la petite fille que j'étais a sans doute été terrifiée par le ton menaçant de la voix et la gestuelle de l'adulte censé la protéger. Mon inconscient d'alors a été marqué d'une empreinte indélébile. Comme je ne pouvais pas me défendre, cela a engendré chez moi une juste colère, qui m'a collé à la peau et m'a empêchée de charger de rêves mon sac à dos d'enfant.

Au cours d'une séance ultérieure, je me suis sentie comme secouée au niveau des épaules par une « grande personne » qui semblait vouloir me faire taire, et je pleurais en répétant : « Mais tu m'avais promis, tu m'avais promis. » À ce moment précis, mes épaules et mes bras ont tressauté dans tous les sens, comme actionnés par des mains invisibles. L'événement lié à cette gesticulation n'est pas revenu à ma conscience, mais mon sentiment perpétuel de colère devant une injustice s'est un peu apaisé. Ceci est un autre exemple de réaction qui conduit à la libération progressive.

Au cours d'une de mes dernières séances, comme une bulle de soufre nauséabonde qui éclate à la surface d'un cloaque, une ultime colère s'est dissoute : celle que j'éprouvais à l'égard de ma mère, qui m'avait une fois de plus abandonnée en mourant.

L'agoraphobie prend ses racines dans un environnement peu sécurisant chez l'enfant qui ne se sent pas protégé pour grandir et se structurer. Tant que l'on n'est pas conscient de ce qui crée nos souffrances, il est bien difficile de s'en libérer. J'étais en quelque sorte restée bloquée à quatre ans. Cette terreur ressentie si jeune avait été ravivée et aggravée par la maladie de ma mère et la séparation qui avait suivi ainsi que par l'agression sexuelle que j'avais subie peu de temps après. L'ébranlement que constitua la mort de mon frère mit à mal le fragile échafaudage construit pour me tenir debout et avancer malgré ces strates de souffrance. Deux enfants élevés dans le même contexte familial peu structurant ne souffriront pas forcément des mêmes angoisses. Il existe une vulnérabilité biologique, une sensibilité particulière aux événements stressants qui varie d'un individu à l'autre. Pourtant, on doit écarter toute origine génétique à l'agoraphobie.

Le docteur Morel Fatio m'a expliqué que les trois thérapies que j'avais expérimentées avaient été bénéfiques au moment où je les avais entreprises. La sophrologie et l'analyse ont en quelque sorte préparé le terrain au Rebirth, mais il n'est pas nécessaire de passer par toutes ces étapes si l'on consulte d'emblée le bon thérapeute : « Le parcours de soin de Catherine Hamelle n'a jamais comporté de consultation médicale spécialisée. Elle s'est efforcée de trouver ses propres voies thérapeutiques au gré des rencontres et conseils amicaux ou professionnels ainsi que de son évolution personnelle par rapport à ses troubles. Le chemin emprunté est passé initialement par le travail sur le symptôme au moyen de la sophrologie puis par une recherche de compréhension avec la psychanalyse. Confrontée à la persistance des troubles et à l'intensité de la souffrance, Catherine Hamelle s'est ensuite tournée vers une technique favorisant la levée des émotions et représentations associées par l'utilisation de la respiration avec hyperventilation (Rebirth). Cette dernière approche lui a permis d'accéder à des souvenirs profondément refoulés et de se dégager des émotions liées et des angoisses prégnantes de la petite enfance, réactivées massivement par la répétition d'événements traumatiques à l'âge adulte. Chacune de ces trois approches a apporté une aide spécifique et complémentaire aux différents moments où elles ont été utilisées, répondant à la disponibilité psychique et aux besoins contextuels de Catherine Hamelle à chaque étape de son évolution. La métaphore qu'elle utilise pour décrire son parcours est celle de "strates de souffrance" dont elle s'est successivement libérée.

Nos échanges et le travail sur son récit autobiographique lui ont permis de prendre pleinement conscience de la répétition du sentiment d'abandon qui a jalonné sa vie depuis sa petite enfance. Cette crainte constante d'être abandonnée traduit l'insécurité dans laquelle elle a évolué, se rapportant au risque mais aussi à la réalité de la rupture des liens familiaux. Elle s'est forgé une nécessaire carapace protectrice face au sentiment d'abandon, mais qui l'a isolée de plus en plus dans une souffrance qu'elle ne pouvait partager.

L'écriture a mis l'accent sur les liens entre les angoisses, les émotions et les événements dramatiques, ainsi que sur l'ampleur de ce sentiment d'abandon, pour davantage s'en libérer. »

Grâce à cette libération, j'ai pu reprendre le cours de ma vie et ma recherche d'emploi. Progressivement, j'ai pu me permettre de faire tout ce que mes angoisses m'avaient empêchée de faire pendant tant d'années.

Il y a une dizaine d'années, j'ai lu dans un roman policier cette phrase qui m'a profondément émue : « Vous êtes violent mais pas méchant. Vous êtes violent parce que vous avez été blessé et que vous n'avez jamais guéri. » Ces mots m'ont consolée et déculpabilisée, je m'en souviens encore. Maintenant que j'ai compris d'où me venait ce mal de vivre, je me sens apaisée, même si je me mets encore en colère, de temps en temps, sans raison valable. Il est difficile de se corriger totalement.

La reconversion

La renaissance

Un nouveau départ

Dès le début de l'année 1999, je me suis remise à chercher un emploi avec toute l'énergie qui me caractérise, et ce, malgré les personnes bien intentionnées qui me répétaient, encore une fois, qu'il était inutile de compter retrouver un travail à mon âge.

Le conseiller APEC qui m'avait reçue m'avait découragée de la même manière en répétant d'un petit air pincé : « Le réseau, le réseau, à votre âge il n'y a que ce canal qui peut vous permettre de retrouver un travail. » Je ne m'arrêtai pas à ces conseils perfides et, en plus d'activer mon réseau, j'envoyai des centaines de lettres de candidature. Un matin, je reçus enfin une convocation à un entretien dans une entreprise qui éditait un logiciel informatique dans le domaine de la sécurité des réseaux d'information. Elle recherchait un directeur financier polyvalent, parlant anglais. Je fus accueillie par un consultant qui m'indiqua avoir reçu près de deux cents lettres et avoir convoqué six candidats. Je ne pouvais pas y croire. Au bout de quelques jours, je fus à nouveau convoquée pour rencontrer les dirigeants. Peu de temps après, le jeune PDG (l'un des deux fondateurs) me confirma que ma candidature avait été retenue et que je commençais immédiatement.

Une nouvelle aventure, qui devait durer six ans, débutait. Ma joie était à son comble car les premiers effets de la thérapie se faisaient sentir et Bernard était toujours près de moi, même si ce n'était qu'à mi-temps. Je travaillais à nouveau et surtout avec des gens « normaux », respectueux de mon expérience. Je suis d'ailleurs restée amie avec ce jeune PDG qui n'avait pas hésité à engager une « quasi-mamie ».

Les premiers temps, je ne comprenais pas trop ce que vendait l'entreprise, mais je me suis vite mise dans le bain et, quelques mois plus tard, j'en savais assez pour épater les banquiers avec lesquels je devais négocier les crédits dont l'entreprise avait besoin.

Au bout de trois ans, de nouveaux investisseurs sont entrés au capital de l'entreprise et ont mis les fondateurs à la porte. Cela arrive couramment dans tous les secteurs de l'économie et j'étais particulièrement bien placée pour le savoir. Je suis donc devenue le numéro deux de l'entreprise, derrière le nouveau dirigeant qui vivait le plus souvent en Californie.

La dissolution de mes problèmes s'est réalisée étape par étape. D'abord, la voiture : comme mon nouvel emploi se trouvait dans une banlieue voisine de la mienne et qu'aucun bus n'effectuait le trajet, j'utilisais ma voiture matin et soir. Au début, je pensais dès mon réveil au chemin que j'allais devoir parcourir à travers le bois de Boulogne, mais cela ne me faisait plus perdre mes moyens. Je ressentais encore des angoisses mais je les surmontais. Après trois à quatre mois, j'effectuais ce parcours sans trop d'appréhension. Bientôt, traverser le bois de Boulogne devint un enchantement : j'ouvrais tout grand mes vitres pour respirer l'air qui gonflait mes poumons et faisait à nouveau circuler la vie dans mes veines. Au milieu de ma route, je m'apercevais que je n'avais pas pensé une seule fois au risque de faire une crise d'angoisse – ni au sortir du lit ni en montant dans ma voiture.

Pour le métro, ce fut le même combat : je me plongeais dans un livre passionnant pour ne pas trop penser à l'endroit où je me trouvais. Vint ensuite le moment où je pus me passer de lire et celui, béni, où je me réjouissais chaque fois que j'empruntais ce moyen de transport tellement pratique. Quelques mètres avant la bouche de métro, qui ne me semblait plus vouloir me happer et me broyer, je humais avec délice l'odeur si particulière de poussière, de colle, de sueur de milliers de passants, puis je descendais allégrement les marches de ma station avant d'insérer mon ticket dans le composteur avec un sentiment de victoire.

J'ai ensuite pu prendre l'avion (mais quand je peux l'éviter, je préfère) pour des voyages professionnels en Californie, où l'entreprise avait une filiale, et au Maroc pour mes loisirs. Je n'aime toujours pas les ascenseurs qui vous propulsent au trente-troisième étage d'un building en vous collant au sol. Je choisis également d'aller au cinéma accompagnée plutôt que seule, mais c'est surtout pour le plaisir de partager un moment de détente et discuter du film. Encore aujourd'hui, je n'aimerais pas descendre seule à Marseille en voiture ou faire de longs trajets de nuit, mais heureusement, on ne me le demande pas tous les jours.

Seuls les gens qui ont souffert de telles angoisses peuvent imaginer quel soulagement j'éprouvais à être « comme tout le monde ».

UN VIRAGE À 180°

Le concept du logiciel vendu par l'entreprise où je travaillais était très novateur mais trop en avance pour le marché, aussi les clients étaient-ils durs à convaincre et les affaires peu florissantes. Comme les actionnaires principaux étaient de puissants fonds américains et qu'ils croyaient à la capacité du produit à générer des millions de dollars, chaque année l'entreprise re-finançait ses pertes grâce à eux et procédait à une (voire deux) augmentation(s) de capital pour pouvoir poursuivre son activité.

Mener à bien ces opérations était l'une de mes tâches principales et cela me passionnait. La direction courante et le reporting au conseil d'administration ne me prenaient pas tout mon temps, aussi je demandais au dirigeant d'alors de ne travailler que quatre jours par semaine en renonçant à toute augmentation de salaire (ce qui fut très apprécié).

Cet aménagement de ma semaine de travail me permit de réfléchir à mes choix de vie et d'envisager enfin de sortir de mes chiffres. Je n'avais plus besoin d'eux pour me sentir rassurée. J'ai été un directeur financier compétent et passionné. J'ai adoré évoluer au milieu des chiffres parce qu'ils étaient rassurants. La comptabilité, la finance, le juridique sont des activités méticuleuses où il n'y a pas de place pour la fantaisie et l'à-peu-près, ni pour l'introspection et les affects. Si j'ai choisi ce métier, au début de ma vie professionnelle, ce n'est pas par hasard. Mon besoin de sécurité, presque maladif, m'a conduite vers cette activité structurante qui m'apportait à la fois une certaine aisance matérielle et un cadre de travail rigoureux et rassurant. Je pense avoir été un bon directeur financier et ma réussite professionnelle l'atteste. Mes collaborateurs appréciaient mon professionnalisme même s'ils redoutaient parfois ma trop grande exigence.

Qu'est-ce qui a motivé mon choix pour la réflexologie ? Plusieurs explications me viennent à l'esprit. Après avoir travaillé autant d'années avec ma tête, j'éprouvais tout à coup le besoin de faire quelque chose avec mes mains. Ma mère avait un don : elle connaissait les gestes pour apaiser. Lorsqu'elle posait ses mains sur un enfant agité ou malade, il se sentait mieux après quelques minutes. La professeur avec laquelle je suivais des cours de yoga depuis de nombreuses années nous faisait, au début de chaque saison, nous masser les pieds deux par deux en suivant les points indiqués sur des planches en couleurs qu'elle nous avait données. Le résultat sur moi étant très intéressant, je fus tentée d'en savoir plus et je me procurai des ouvrages consacrés à cette méthode chinoise de guérison. Un livre attira plus particulièrement mon attention : *Le livre de la réflexologie plantaire : Les pieds sont-ils à l'image du corps ?*[6], de Mireille Meunier, qui avait étudié les médecines naturelles dans une université en Allemagne. Après avoir reçu son diplôme d'État de *Heilpraktikerin* (« praticienne de la santé »), cette jeune femme créa à Berlin un cabinet où elle traita de nombreux patients par la réflexologie, l'acupuncture et les élixirs floraux. En 1993, elle s'installa en France où elle fonda une des premières écoles de réflexologie plantaire et publia ce livre qui allait changer le cours de ma vie. La formation scientifique de cette jeune femme me semblait un gage de sérieux et je n'ai pas hésité à prendre contact avec elle pour suivre les cours qu'elle dispensait et passer mon diplôme.

Ces études m'ont demandé d'énormes efforts de concentration pour me remettre aux mécanismes de l'apprentissage. Évidemment, je ne connaissais rien à l'anatomie et à la physiologie, mais le soir, en rentrant du bureau et pendant mes jours de congé, je me plongeais avec passion, avidité et souffrance

6. Mireille Meunier, *Le livre de la réflexologie plantaire : Les pieds sont-ils à l'image du corps ?*, Editions Maisnie Tredaniel, 1995.

(ma mémoire n'était plus celle de mes vingt ans !) dans des livres à l'usage des praticiens paramédicaux. Vint ensuite la lecture d'ouvrages de médecine chinoise, à laquelle j'ai dû également m'accrocher pour avancer.

Après mon diplôme, j'ai travaillé du lundi au jeudi en tant que directeur financier et les trois autres jours comme réflexologue auprès d'amis ou de voisins avec lesquels j'ai pu parfaire ma technique. Puis, fin 2004, les actionnaires de mon entreprise, estimant que j'étais trop vieille et plus assez « représentative » pour les analystes financiers, me « mirent au rebut ». À moi la liberté !

Les derniers ébranlements (j'espère !)

Avant de pouvoir en reprendre pleinement possession, ma vie a été de nouveau bouleversée par trois événements survenus à la fin de l'année 2004 et au début de 2005. Grâce à la libération de mes angoisses, ils ont été pénibles à vivre mais n'ont entraîné ni crises de panique ni de dépression.

En septembre 2004, je me séparai définitivement de Bernard car j'en avais assez de cette vie à mi-temps. J'estimais que je méritais mieux, je voulais profiter pleinement de toutes les nouvelles années merveilleuses qui s'offraient désormais à moi. Pour passer à autre chose et tenter de reconstruire ma vie, je devais rompre avec lui. Il a été le grand amour de ma vie, celui qui m'a permis de devenir une femme à part entière, mais, bien installé dans ses deux paires de pantoufles (sa famille et moi), il ne pouvait plus convenir à celle que j'étais devenue. Cela fut très douloureux car nous nous entendions très bien. Nous n'avons jamais élevé la voix l'un contre l'autre et cette douceur dans notre relation m'apaisait, moi qui avais vécu longtemps au milieu des cris et des conflits.

Le 27 février 2005, mon père mourut brutalement. Certes il était âgé de quatre-vingt-cinq ans et souffrait depuis quelque temps de la maladie de Parkinson, mais rien ne laissait présager l'accident qui mit fin à sa vie. Au cours d'un déjeuner au restaurant avec mon frère, une bouchée de viande passa dans les voies respiratoires et provoqua une mort quasi instantanée. Je m'étais réconciliée avec lui depuis longtemps et, quand il avait commencé à avoir des difficultés à se déplacer, je l'avais aidé à s'installer dans un petit appartement à trois numéros de chez moi, afin de le rassurer et de l'aider. Je venais souvent le voir et nous avions de longues conversations, même si les discussions qui me touchaient et le touchaient profondément le mettaient plutôt mal à l'aise. Il faisait un effort car il sentait que cela m'était nécessaire. Depuis sa mort, je parle de lui très librement et affectueusement avec mon entourage quand je ne le prends pas à témoin dans ma vie actuelle ! Je crois que j'ai appris à mieux le connaître durant les dernières années de sa vie et à l'aimer davantage encore depuis son départ.

Le 31 mars 2005, ma vie de directeur financier, entamée trente-huit ans plus tôt, prit fin le dernier jour de ma période de préavis. Certes, ce départ était programmé et j'allais pouvoir enfin me consacrer à ma nouvelle passion, la réflexologie, mais il n'en fut pas moins douloureux. Il est toujours difficile de se dire qu'on referme définitivement une porte, surtout celle qui vous conduit un peu vers la mort. Les changements de vie se font pour beaucoup de gens avec lenteur, les situations se dissolvent doucement ; moi j'ai tendance à vivre de véritables ébranlements qui, par leur caractère répétitif, mettraient à bas des colosses, ce que je ne suis pas.

Un astrologue vous dirait que le Scorpion est placé sous l'influence de la planète Pluton et qu'il vit le changement de façon tranchante et violente, par opposition à Neptune qui permet des changements plus doux, de lentes dissolutions.

Le 26 février 2005, je fis un rêve terrifiant : j'allais assister, dans un grand hôtel, au dernier conseil d'administration de la société d'informatique dans laquelle j'étais depuis six ans, car j'étais sur le point de la quitter définitivement le 31 mars. Je me demandais, ennuyée, comment la direction, avec ses chiffres d'affaires minables, s'en sortirait sans moi. Je quittais la salle de réunion pour aller dans ma chambre récupérer les statistiques qui concernaient les six années écoulées afin de répondre avec précision aux questions qui pourraient m'être posées. Dans un couloir, en regardant par la fenêtre, j'aperçus au loin des geysers qui montaient à un mètre environ du sol. J'en déduisis que ces signes annonçaient un prochain tremblement de terre dans l'île où nous étions réunis. Il fallait prévenir mes collègues à tout prix. J'allai voir une secrétaire pour lui demander de donner l'alerte et filai ensuite faire ma valise. J'entassai pêle-mêle mes affaires dans des sacs en plastique pour aller plus vite, car je vis que ces geysers avaient atteint plusieurs mètres, ce qui indiquait peut-être un tsunami, voire la fin du monde. Je partis alors seule sur la route vers la terre ferme, traînant mes paquets avec difficulté car les conditions étaient exécrables et rendaient ma progression très lente.

Je ressentis inconsciemment la fin de ma vie active – c'est-à-dire le fait de quitter mon emploi au seuil de la retraite légale, pourtant prévue de longue date – comme la fin du monde. Je n'avais pas réalisé à quel point il m'était douloureux de prendre ma retraite après tant d'années, même si la vie de bureau me pesait de plus en plus et que de nouvelles activités passionnantes m'attendaient. J'étais bien sûr heureuse de retrouver une certaine forme de liberté, mais l'idée de ne plus jamais appartenir à une entreprise me terrorisait malgré moi. Mon bureau avait toujours été un de mes cocons. Mon récent célibat ne faisait que confirmer la fermeture définitive d'une porte dans ma vie.

Curieusement, mon père est mort le lendemain de ce rêve. De là à penser qu'il avait pu être prémonitoire ! Dès le milieu de l'année 2005, j'ai accompli toutes les formalités pour avoir le statut de travailleur indépendant afin d'exercer ma nouvelle profession du mieux possible.

NAISSANCE D'UN « APPRENTI ÉCRIVAIN »

« Mais vous devriez l'écrire pour tous ceux qui, comme moi, souffrent de crises d'angoisse et d'attaques de panique et qui se désespèrent de pouvoir à nouveau, un jour, mener une vie normale », s'est exclamée une patiente agoraphobe à qui j'expliquais, au cours d'une séance de réflexologie, ce qu'avait été ma vie avec l'agoraphobie et comment je m'en étais sortie. Cette jeune femme, âgée d'une trentaine d'années, m'avait été envoyée par ses parents, avec qui j'avais sympathisé au cours d'un dîner chez des amis. Ils étaient très inquiets pour la santé mentale de leur fille, que ses crises de panique de plus en plus nombreuses empêchaient de travailler, de vivre son quotidien et, peu à peu, désocialisaient. Désemparés et après avoir essayé de nombreuses thérapies, ils ne savaient plus vers qui se tourner et me demandèrent si des séances de réflexologie étaient susceptibles d'améliorer son état. En me posant cette question, ils ne se doutaient pas un seul instant qu'ils avaient devant eux LA spécialiste de Paris. Quel ne fut pas leur étonnement lorsque je leur expliquai que, bien que la réflexologie puisse atténuer les angoisses de leur fille, ils ne devaient pas perdre espoir car ils avaient devant eux une « ex-agoraphobe » reconvertie en femme épanouie et pleine de vie. Impossible ! s'écrièrent-ils en chœur, pas vous ! Nous connaissons votre brillant parcours professionnel et toutes vos activités actuelles et vous avez une telle énergie ! Vous semblez si sereine et heureuse de vivre ! C'est exactement ce que me confient mes patients lorsque nous nous connaissons un peu mieux. Ils me disent que tout chez moi, ma personne comme ma maison, respire le calme et la lumière. Ils ne peuvent pas, eux non plus, imaginer un seul instant quel a été l'itinéraire long et douloureux que j'ai dû suivre pour arriver à vivre.

Alors j'ai pris ma plume, ou plutôt mon clavier, pour montrer comment ma volonté de vivre a été la plus forte et comment elle m'a permis de sortir de la souffrance pour passer d'une vie de semi-recluse à une vie pleine de lumière. Aujourd'hui, je mets cette énergie au service de mes patients, pour les aider à se sentir mieux et à reprendre goût à la vie.

Moi qui, par le passé, n'avais jamais rédigé que des études de marché, des pactes d'actionnaires ou des comptes rendus de conseil d'administration et d'assemblée générale, j'ai commencé le récit de ma vie. Mon style peut parfois s'en ressentir car j'ai du mal à sortir du factuel, mais mon récit est sincère et évite tout misérabilisme. À certains moments, le fait de me replonger dans mes souffrances passées a fait remonter au creux de mon estomac de légères angoisses que je croyais à jamais effacées, mais elles n'ont pas duré et ne m'ont pas perturbée longtemps. À d'autres moments, cette introspection a fait naître en moi un sentiment d'euphorie car je pouvais mesurer la distance parcourue et le changement opéré dans ma vie.

Certaines personnes atteintes de maladies dites incurables parviennent à se battre avec la dernière énergie, en employant tous les moyens à leur disposition, et vont s'en sortir alors qu'on les disait condamnées. Cette colère devant la maladie, cette rage de vivre, que l'on soit atteint physiquement ou psychologiquement, est le moteur de la survie, la colonne vertébrale qui maintient debout et qui m'a permis de ne pas m'effondrer. Alors je demande pardon à tous ceux que j'ai blessés.

Plus les couches de souffrance sont épaisses et réprimées, plus les explosions sont dévastatrices. L'enfant a besoin de l'amour et de l'attention de ses parents pour se sentir valorisé et sécurisé, et acquérir ainsi la structure qui lui permettra de devenir un adulte équilibré. Si rien n'est fait pour le comprendre et l'aider, il gardera cette violence parce qu'il aura été blessé et n'aura jamais pu guérir. L'enfant peu

« aimable » est en fait un enfant qui ne se sent pas digne d'être aimé et qui deviendra un adulte anxieux à l'humeur dépressive. Son caractère obsessionnel et introverti le confinera dans une activité productive un peu frénétique mais le conduira souvent à la réussite aux dépens de la recherche du plaisir et des relations personnelles. Ma vie de cette époque est l'illustration parfaite de ce schéma.

Lorsque je fis la connaissance de cette jeune femme agoraphobe dont j'ai rapporté les propos en début de chapitre, j'étais une réflexologue compétente et passionnée par cette nouvelle discipline, que je pratiquais depuis environ cinq ans pour le plus grand bénéfice de ceux qui passaient entre mes mains.

La réflexologie correspond à la fin (s'il y en a vraiment une !) du travail que j'ai effectué sur moi-même, et à ma résurrection. Elle m'a permis d'achever mon travail d'ouverture au monde et d'instaurer de véritables rapports de confiance, voire d'amitié, avec de nombreuses personnes, y compris parmi mes patients. Dans les entreprises où j'ai travaillé, ma position de directeur financier n'encourageait guère les membres du personnel aux confidences et j'étais plutôt considérée comme le « suppôt de Satan » de la direction, donc généralement tenue à l'écart, ce qui m'a enfermée un peu plus dans ma solitude. Ces nouvelles relations humaines développées avec mes patients ou de nouveaux amis sont des richesses qui me comblent chaque jour.

On ne peut pas hiérarchiser la valeur de ces deux activités, dire que l'une est plus utile que l'autre. Chacune a correspondu à une époque de ma vie et, tout comme les thérapies que j'ai entreprises successivement, elles ont été opportunes aux moments où je les ai choisies.

Dernièrement, en rangeant un placard, j'ai retrouvé une cassette audio que j'avais reçue d'une astrologue en novembre 1998. Je lui avais envoyé par courrier ma date, mon heure et mon lieu de naissance en lui demandant quel était mon projet de vie. Cette année-là, je me retrouvais au chômage pour la seconde fois en à peine deux ans et à plus de cinquante ans. Je me sentais totalement déboussolée et ne savais plus « à quel saint me vouer ». Sa réponse m'a paru totalement saugrenue et j'ai pensé : « Encore une folle », en reléguant l'enregistrement dans un coin avec colère. Elle m'avait répondu : « Votre projet de vie est relationnel. Il vous faut vous exprimer et communiquer. Pour vous épanouir, il faut mettre vos potentialités au service d'autrui. Vous êtes potentiellement une thérapeute, une guérisseuse, un intermédiaire, bref une facilitatrice (qui aide à prendre conscience, qui aide à réaliser). Pour cela, il vous faudra utiliser le sens du toucher, vous avez un très fort magnétisme manuel. » J'avais totalement oublié cette cassette et je ne saurai jamais si mon étude de la réflexologie a été inconsciemment guidée par cette astrologue ou si le travail que j'ai accompli sur moi m'a permis de trouver ma véritable voie – sans doute un peu des deux.

La malade est devenue thérapeute

J'ai repris ma vie en main et je peux maintenant être actrice de mon destin, ce que je n'avais pu être avant car ma maladie me dictait mon comportement. J'ai approfondi les bienfaits que la réflexologie pouvait apporter en cas d'agoraphobie. J'ai donné des conférences sur ce sujet, ce qui m'a permis de toucher un public concerné. La réflexologie est d'autant plus efficace qu'elle intervient dès les premiers malaises. Malheureusement, si les troubles sont installés depuis longtemps, une aide psychologique est nécessaire, la réflexologie intervenant en complément.

La stimulation des points réflexes du pied ou de la main soulage nos maux quotidiens en débloquant les tensions accumulées et en rééquilibrant l'énergie de tout l'organisme. Pratiquée régulièrement, elle conduit à une régénération car le corps recèle de véritables facultés d'autoguérison. L'être humain est un tout structurel fait d'os et de chair mais aussi d'émotions et de pensées. C'est pourquoi on ressent un grand bien-être, à la fois physique et psychique, après une séance de réflexologie.

Si, par exemple, vous détendez le diaphragme et le plexus solaire d'une personne, vous augmenterez ses capacités respiratoires et digestives et vous débloquerez ainsi certaines émotions qui la perturbent. Une douleur d'estomac peut révéler un trouble digestif mais aussi une difficulté à digérer un événement traumatisant.

L'homme entretient souvent mieux sa voiture que son corps. Une bonne révision tous les 10 000 kilomètres est le moyen le plus efficace de garder en bon état de marche notre véhicule. Pourquoi ne pas agir de la sorte avec notre propre corps ? La réflexologie est curative mais aussi éminemment préventive. Elle permet à la longue d'effectuer tous les petits réglages rendus nécessaires par les vies trop trépidantes de ce nouveau siècle et d'éviter ainsi une panne grave. Médecine chinoise ancestrale et cousine de l'acupuncture, la réflexologie est reconnue officiellement comme thérapie dans certains pays (Angleterre, Danemark, Israël) où elle est pratiquée dans les hôpitaux aux côtés des médecins. À l'hôpital général de Shanghai, on compte autant de réflexologues que d'infirmiers.

En cas d'agoraphobie, l'apport de la réflexologie est double. La détente musculaire pratiquée en début de séance fait naître un grand bien-être chez les personnes traitées. Les muscles du cou et les trapèzes accumulent les peurs et les angoisses. Ainsi détendu, le patient ne ressent plus de tension ni physique ni psychique. C'est l'activité mentale qui tend les muscles ; le fait de les détendre permet de retrouver un certain apaisement et de dédramatiser les crises éventuelles.

Mais on peut apporter une amélioration plus profonde grâce à l'énergétique chinoise appliquée à la réflexologie. Schématiquement, la médecine chinoise nous apprend que l'homme est composé des cinq éléments composant la nature : l'Eau, le Bois, le Feu, la Terre et le Métal. À chaque élément correspondent deux organes. En équilibrant le fonctionnement de ces organes, on améliore la santé du patient. La médecine chinoise nous enseigne que les reins (élément Eau) sont le siège de la peur. En travaillant sur la zone réflexe du rein dans le pied, on apaise les angoisses. Autre exemple : le besoin de sécurité est lié en médecine chinoise à la « Terre » dans laquelle on plante ses racines. Si un arbre pousse dans le sable, il sera particulièrement vulnérable à chaque grosse tempête. De même, un enfant qui grandit avec un puissant sentiment d'insécurité aura du mal à se construire de solides racines. L'adulte qu'il deviendra pourra souffrir de phobies, d'agoraphobie et de tocs. Le besoin maladif de propreté, de rangement et d'ordre en général est un moyen d'échapper à l'angoisse et de se rassurer. Le travail sur la rate, l'estomac et le pancréas fortifiera l'élément Terre, donc les racines de l'individu, et améliorera les effets indésirables des crises de panique sur les viscères.

Le cas de deux patientes illustreront parfaitement mon propos au sujet de l'agoraphobie qui peut être plus ou moins avancée et forte :

– Le premier exemple concerne une femme d'une quarantaine d'années qui était venue me voir car elle souffrait d'agoraphobie avec crises de panique journalières, qui se caractérisaient par des nausées, voire des vomissements, et une forte diarrhée (elle vivait littéralement avec la peur au ventre). Très maigre, elle allait à la selle environ six à sept fois par jour, dont plusieurs fois sur le trajet entre son domicile et son lieu de travail. Elle prenait l'autobus pour quelques stations puis terminait à pied car il lui fallait s'arrêter dans divers cafés pour se soulager. Elle avait eu un cancer anal cinq ans auparavant. Les muscles de son cou et de ses épaules étaient très tendus, ses glandes endocrines douloureuses, son système digestif et ses intestins perturbés. Au fur et à mesure des séances, elle me parla de l'ambiance familiale très lourde dans laquelle elle avait grandi. Elle était suivie par une thérapeute, mais ses malaises persistaient. Grâce aux séances de réflexologie, elle a retrouvé l'appétit, ses douleurs de dos ont disparu, son sommeil était moins perturbé et plus réparateur. Le travail de conscientisation fait avec son psy a été renforcé et les manifestations physiques de ses angoisses se sont atténuées.

– Le deuxième exemple concerne une jeune femme de vingt-six ans qui n'arrivait plus à prendre le métro pour se rendre à son bureau ni à utiliser l'ascenseur de la tour où elle travaillait. Si elle se forçait, elle sentait des vagues de chaleur envahir sa tête ; elle avait des sueurs, des vertiges, des crises de spasmophilie et des malaises hypoglycémiques et n'avait plus ses règles depuis plusieurs mois. Elle était en arrêt de travail et se faisait du souci pour son avenir professionnel. Perpétuellement sous pression, elle gardait l'œil rivé à sa montre (même pendant mes séances) de peur d'être en retard. Elle était tout le temps affligée de rhinopharyngites voire d'angines, souffrant de mauvaises défenses immunitaires. Les extrémités de son corps (pieds, mains et nez) étaient glacées hiver comme été.

Après huit à neuf séances, elle était débarrassée de ses rhumes ; son cycle menstruel s'était déclenché et elle pouvait à nouveau se rendre à son travail en métro. Si celui-ci était bondé, elle attendait une rame moins chargée sans honte, et pouvait continuer son trajet.

Je partage désormais mon temps entre les soins apportés à mes patients et des activités de bénévolat dans une association qui gère des établissements pour handicapés mentaux (en tant que trésorière, on ne se refait pas !). Je donne de temps à autre des cours d'initiation à la médecine chinoise appliquée à la réflexologie car la Médecine traditionnelle chinoise (MTC) apporte une dimension particulière à la pratique de cette discipline. Elle permet de relier de nombreux symptômes entre eux pour rétablir une fonction défaillante : qu'y a-t-il de commun entre des céphalées qui se manifestent par une barre au front, des aphtes dans la bouche, des boutons d'herpès sur la lèvre, des saignements de nez, des extrémités froides ? L'élément Terre, dont les « ministres », c'est-à-dire les organes qui travaillent ensemble pour assurer les fonctions digestives, sont la rate et l'estomac. Relier tous ces troubles en apparence sans lien entre eux permet de mieux aider la personne qui s'en remet à vous. Dernièrement, j'ai soulagé de céphalées un adolescent de treize ans qui en souffrait depuis l'âge de cinq ans ; deux séances ont suffi grâce à la MTC. Sa mère était venue me voir en désespoir de cause après tous les examens d'usage, y compris une IRM au cas où une tumeur aurait comprimé son cerveau. J'ai aussi reçu une jeune femme qui entrait dans son neuvième mois de grossesse et dont le bébé se présentait par le siège. Une détente, par le pied, de tout le système nerveux et de l'ensemble des muscles, plus particulièrement ceux du bassin, a permis au fœtus de se retourner tranquillement, évitant ainsi la césarienne programmée.

Lorsque je suis devant un patient qui souffre, l'envie de me battre me reprend. Fidèle au petit soldat que j'ai toujours été, je mobilise mes forces non plus contre mes démons mais contre ceux des autres. Je m'épanouis totalement dans l'aide apportée aux autres, mais je ne m'oublie pas non plus. Je passe aussi autant de temps que je le peux avec la deuxième génération de mes neveux et c'est pour moi une grande richesse.

J'ai vécu trente ans avec ma maladie. C'est énorme et monstrueux et il m'a fallu environ deux ans pour sortir totalement de ce calvaire. De temps en temps, il m'arrive encore d'avoir quelques angoisses qui montent du plus profond de mes entrailles, mais j'essaie de m'y confronter et de les comprendre afin de les surmonter. Elles ne me submergent plus, même si elles se rappellent parfois à mon bon souvenir ; mais surtout, elles ne m'empêchent plus de vivre.

Je n'affirme pas que le Rebirth soit l'unique remède pour sortir de ses peurs et se reconstruire. Il existe d'autres thérapies qui sont d'une grande aide. J'ai conscience que les trois formes de thérapies que j'ai expérimentées ont été nécessaires chacune à leur tour, mais seul le « Rebirth » m'a permis d'aller nettoyer au plus profond de mon inconscient et de renaître. Si j'avais directement consulté cette thérapeute, la délivrance aurait certes été bien plus rapide, mais il m'a fallu huit ans pour y parvenir. Dans cet ouvrage, j'ai simplement voulu démontrer que si l'on en a la volonté *et* si l'on est suivi par un bon thérapeute, on peut trouver LA CLÉ qui va défaire le ou les nœuds d'énergie qui nous bloquent. La volonté seule ne permet pas de sortir de l'enfermement.

Il ne sert à rien d'écouter les membres de votre entourage vous répéter : « Si tu avais un peu de volonté et que tu te mettais des coups de pied aux fesses, tu pourrais t'en sortir. » Je pense être le parfait exemple d'une personne volontaire et énergique, et pourtant il m'a fallu de nombreuses années pour sortir de l'enfer dans lequel j'étais, il m'a fallu trouver la clé, la méthode Coué n'est pas suffisante.

Le travail est plus ou moins long et la traversée des ombres nécessaire et douloureuse avant de connaître des renaissances heureuses qui nous confortent et nous encouragent à poursuivre notre chemin.

Mais, de grâce, faites en sorte que le chemin de souffrance ne dure pas trop longtemps car il n'y a aucun plaisir dans le malheur et la douleur.

Les rêves continuent de me guider

Le merveilleux dialogue que j'avais commencé avec mon inconscient en rêvant de chiens enragés se poursuit. Mes rêves me révèlent parfois que je suis arrivée à un palier et qu'il faut passer au niveau supérieur ; ou que je dois changer de point de vue sur quelque chose. Quelquefois, ils m'enjoignent de ralentir et de lâcher prise.

Les rêves de rangement...

Au cours de l'année 2005, j'ai fait deux rêves importants.

Une paysagiste venait m'aider à tailler mes haies. Peu avant son départ, je me dirigeais vers le buffet de ma salle à manger pour y prendre de quoi la régler. L'extérieur de ce buffet était joliment peint et tout à fait en accord avec la pièce. Il renfermait la vaisselle et les couverts dont je me servais pour les invités. Je me baissais pour attraper mon porte-monnaie et je découvrais alors que le fond du vaisselier était recouvert de limaces et d'escargots qui avaient mangé le bois par endroits et laissé des traces de bave. Tout l'intérieur était gluant. Je reculais brusquement, de dégoût, et je me disais qu'il fallait ressortir toute la vaisselle et tout nettoyer avant de pouvoir à nouveau ranger les ustensiles dans un autre buffet. Il fallait sans doute que je nettoie un certain nombre de choses dans ma tête avant de pouvoir tout remettre en place et créer un nouvel espace pour ranger ce qui devait l'être.

Un autre rêve me mettait en scène avec ma petite-nièce, alors âgée de cinq ans, dans l'ascenseur qui monte jusqu'à mon appartement. Celui-ci s'arrêtait brusquement entre deux étages et refusait de redémarrer. J'appelais vainement à l'aide. Je décidais alors de me débrouiller seule et écartais les portes métalliques ; la cabine s'ouvrait sur l'appartement d'un voisin attablé avec sa famille, qui me regardait avec la plus parfaite indifférence. Je me hissais hors de l'ascenseur et disais à ma nièce de ne pas avoir peur car j'allais revenir dans un bref instant pour la délivrer et la sauver.

Quel que soit leur type, les escaliers et les ascenseurs se rapportent le plus souvent aux questions de choix de vie et aux questions spirituelles. Je ne suis pas encore tout à fait libérée, mais j'y suis presque arrivée.

Dans le même esprit, j'ai également rêvé que mon frère Tanguy m'aidait à sortir de la cave de vieilles valises et à les entreposer dans ma cuisine afin d'y ranger les vieilles choses qui m'encombraient. Nous avions choisi cette pièce car elle était carrelée et nous ne risquions pas de salir la maison. Ces valises étaient disposées en rang d'oignons, couvercles ouverts, attendant que nous les remplissions. Sur chaque couvercle était collée une étiquette qui indiquait la nature des tracas que nous devions y ranger. La plus grosse des valises comportait l'étiquette « Problèmes familiaux ». Après les avoir remplies et fermées, il nous suffisait de les rapporter à la cave pour en être débarrassés.

Ce rêve extrêmement explicite me disait que j'étais presque parvenue à me dégager du passé. Il n'y avait rien de douloureux dans ce rêve ; seulement un petit souci d'intendance : refermer les couvercles et reléguer tout ce fatras à la cave.

Le trésor caché

J'étais à vélo et je passais dans une rue proche de chez moi. Un homme m'arrêtait et me demandait si j'étais bien Catherine Hamelle, qui avait travaillé dans cette fameuse entreprise de prêt-à-porter pour enfants. Je lui répondais par l'affirmative en lui précisant que tout cela était bien loin. Il me semblait reconnaître un représentant de l'entreprise où j'avais été embauchée comme assistante du directeur financier. L'homme confirmait et ajoutait que l'entreprise avait déménagé. Il me montrait la façade d'un immeuble lépreux et m'invitait à y pénétrer pour visiter les nouveaux locaux. Derrière la porte, après avoir traversé une petite cour, je voyais que les bureaux étaient situés dans un magnifique hôtel particulier tout en verre, à l'intérieur duquel trônait une table somptueusement dressée avec des cristaux et de l'argenterie. J'étais émerveillée de constater que derrière cette piètre façade se cachait un tel trésor.

J'ai compris ce rêve comme une invitation à poursuivre mon chemin vers une vie merveilleuse. Il me faut simplement pousser la porte et, même si la façade est miteuse et peu engageante, les trésors que je vais découvrir sont à la hauteur des efforts fournis.

Laisser le temps au temps

Il y a quelques mois, j'ai fait le rêve suivant : je prenais ma voiture pour aller à une réunion importante et je conduisais si vite que je ratais un virage et me déportais sur le trottoir de l'autre côté de la chaussée, évitant de peu un automobiliste qui venait en sens inverse. J'étais effrayée à l'idée non pas de mourir, en bon Scorpion que je suis, mais de tuer quelqu'un par ma folie. Des passants, furieux devant une conduite aussi irresponsable, tentaient de pénétrer dans ma voiture pour m'en extraire. Je verrouillais prestement les portières et redémarrais pour continuer ma course folle, au milieu des cris et des protestations des gens qui m'entouraient.

Au réveil, je me suis dit qu'il fallait ralentir mon rythme, déverrouiller mes portières et laisser entrer tout ce qui devait pénétrer dans ma vie avec calme et confiance. J'ai l'impression d'avoir tellement peu vécu à une époque que je suis devenue comme « boulimique de la vie » : je veux tout, tout de suite – mais encore une fois, je vais écouter mon inconscient et ralentir un peu mes activités. J'oublie trop souvent que je n'ai plus vingt ans et que la machine se fatigue un peu plus vite avec le temps.

Conclusion

J'ai depuis longtemps fait miennes les paroles de Neale Donald Walsch[7]. La plupart des gens disent : « Ah ! si j'avais ceci ou cela, je serais heureux. » En réalité, si l'on est heureux, les choses souhaitées finissent par se produire. Si l'on s'est réconcilié avec soi-même et les autres, tout peut arriver. Alors j'avance avec une grande confiance dans l'avenir. J'apprécie chaque instant de ma nouvelle vie et je rends grâce. J'essaie d'être juste et d'aimer.

Lorsque je regarde en arrière, je me rends compte que, d'une nature plutôt excessive et violente, je me suis considérablement adoucie. Cette violence qui avait été pour moi un moteur et m'avait entraînée, comme sur des chevaux sauvages, je n'en ai plus besoin. J'avance maintenant dans la vie avec davantage de confiance en moi et dans les autres, et j'ai

7. Neale Donald Walsch, *Conversations avec Dieu*, Ariane Editions, 1999.

trouvé un équilibre plus juste entre ma vie professionnelle, mes ami(e)s et ma famille. Mon statut social ne dépend plus que de moi et non de l'entreprise dans laquelle je travaille, je me sens libre.

Quelle est la bonne méthode ? Je ne sais pas, et je ne pense pas qu'il y ait un remède miracle. De toute façon, rien ne se passe jamais comme on l'a voulu ou craint ; il faut trouver une juste mesure entre le lâcher-prise et la nécessité de garder un certain tonus pour avancer et se dépasser afin de construire la meilleure vie possible.

Je crois que la sérénité est bien supérieure au bonheur. Le bonheur est passager et lié aux événements, tandis que la sérénité est intérieure, durable et résiste à tous les aléas de la vie, engendrant ainsi l'idée de bonheur de façon moins fugitive. Se sentir pacifié et tranquille est le plus grand des bonheurs.

Table des matières

Préface 9

Avant-propos 15

Ma vie avec la maladie 21
Mes trois compagnes 23
Les premiers malaises 43
La descente aux enfers 57

Les thérapies 69
Les vies antérieures 71
La sophrologie 75
Ostéopathie crânienne 89
Psychanalyse 101
La méthode corse 125
L'amour 129
Le Rebirth 137

La reconversion 153
La renaissance 155
Un virage à 180° 159
Les derniers ébranlements (j'espère !) 163
Naissance d'un « apprenti écrivain » 167
La malade est devenue thérapeute 173
Les rêves continuent de me guider 181

Conclusion 187

Composition et mises en pages : S.I.R.
Imprimé en France
par l'Imprimerie Darantiere (Dijon-Quetigny)
Dépôt légal : juin 2011
N° d'édition : 568
N° d'impression : 11-0583